2024年6月 発行

生協監事監査ハンドブック〈下〉

日本生活協同組合連合会／編

| 総 | 目 | 次 |

Ⅳ 生協監事監査実施要領

「生協監事監査実施要領」の改定にあたって

2009年6月1日に設定した「生協監事監査実施要領」は「生協監事監査基準（2008年度版）」の内容を、年間を通した監査実務に具体的に展開する際の参考資料として作成したものである。

「生協監事監査基準」は2012年9月24日に名称変更（「生協監事監査基準モデル」）及び改定を行ったため、本実施要領も併せて必要な改定を行った。

また生協法改正以降、全国の生協では内部統制整備や監事監査の環境整備等のガバナンスの整備・機能強化に取組まれており、それらの実践状況等も踏まえて内容の補強・修正を行った。

なお「生協監事監査実施要領（2009年6月1日設定）」は、日本監査役協会が公表している「監査役監査実施要領」を参考に日本生協連会員支援本部で検討を行い、生協用に加除補整を行ったものである。

「監査役監査実施要領」は2011年に大改定されているが、生協における監事監査の実情等を踏まえ、本実施要領の改定にあたっては2011年版「監査役監査実施要領」を必要に応じて参考にしつつ、最小限の範囲で改定を行った。

本実施要領が各生協監事の監査実務のお役に立てれば幸いである。

日本生活協同組合連合会　会員支援本部

2013年4月20日

生協監事監査実施要領の活用について

1　本実施要領は、「生協法」及び関連法令、「生協監事監査基準モデル」、「監事監査規則例」、「公認会計士監査規約例」、「模範定款例」、「日本生協連の内部統制システムに係る指針」をもとに、監事の監査活動を具体的に記述したものであり、すべての内容は「生協監事監査基準モデル」に準拠している。

　本実施要領は基本的に日本監査役協会の2009年度版「監査役監査実施要領」を参考として作成した。ただし一部項目に関しては2011年度版も参考とした。

2　本実施要領は、生協の社会的ポジションにふさわしい監査の手続を網羅し、生協監事監査の手引きとして作成した。各生協の実情に応じて有効にご活用いただきたい。

　併せて本実施要領は、「生協監事監査基準モデル」に示している必須項目と特定の生協にとって必要な項目が併記されていることに留意してご活用いただきたい。

3　本実施要領は、全12章で構成している。

　監事は、総(代)会終了後、第1章において自らが選出された経緯を理解し、第3章第1節の「年間に予定される監事会の時期と議題」を念頭に置いて、最初の監事会で「常勤監事・監事会議長の互選、特定監事の選定、監事報酬の協議（本実施要領第1章第3節～第5節、第3章）等を行った後、時系列に従って、監査計画（第4章）に基づき、公認会計士等と連係・会合を行い（第5章）、計画に基づいて監査を実施し（第6章～第9章）、監査報告を作成し（第10章）、総(代)会に報告する（第11章）という流れに沿って章立てを構成した。最終章（第12章）には、損害賠償責任の一部免除、組合員代表訴訟に対する監事の対応について記載した。

　本来、第1章冒頭の監事の選出に関する事項は、実際には前年度

末から行われるのであるが、初めて就任した監事の監査に対する理解の順序を勘案して冒頭に記載した。また、監査環境の整備（第2章）は、第1章と密接な関係を持ち、監事監査の実効性確保のために必須の内容であるため第1章の次に記載した。

　内部統制システムに係る監査（第7章）については、日本生協連が理事会決定した内部統制整備の提起に基づき、監事が具体的な監査活動を進めるための手順について記載した。

4　本実施要領は、監事が監査を行う際に、その都度当該監査の内容を確認できるように構成されているので、必要な事項については、他の箇所で記載した内容についても重複を避けずに記載し、利用の便を図った。

5　本実施要領の巻頭に、「生協監事の年間時系列監査活動の一覧表」を掲げ、監事監査の全体像を示すとともに、本実施要領に記載されている箇所を示した。

　巻末には、次の参考資料を添付したので、併せてご活用願いたい。

参考資料
（1）　監事選任議案に関する監事の同意書
（2）　選定書及び互選書並びに協議書の例
（3）　監事への報告体制についての申し合わせ例
（4）　公認会計士等選任議案に関する監事の同意書
（5）　公認会計士等の報酬等に関する監事の同意書
（6）　理事会決議の省略（書面による理事会決議）について監事に異
　　　議がない旨の記録書面
（7）　総(代)会関係日程と監事の対応例
（8）　監事の監査報告書作成に向けての期中監査の内容の整理方法例
（9）　監事の総(代)会口頭報告例
（10）　備置・閲覧に供すべき主な書類等一覧表
（11）　監査調書ひな型

Ⅳ 生協監事監査実施要領・目次

『生協監事の年間時系列監査活動の一覧表』

時系列	監 査 活 動 項 目		本実施要領の記載箇所
総(代)会終了後	総(代)会終了後の監事会	① 常勤監事の互選(及び解職)	第1章第3節(常勤監事の互選及び解職)
		② 監事会議長(招集者)の互選	第3章第1節第2項(開催方法及び日程)
		③ 特定監事の選定	第1章第4節(特定監事の選定)
		④ 監事の報酬等の協議	第1章第5節(監事報酬)
	期初の監事会	① 監査方針、監査計画、監査業務分担の決定	第4章(監査方針及び監査計画)
		② 監査費用の予算等の決定	第4章第6節(監査費用の予算等)
		③ 監事監査の環境整備事項の検討及び 理事に対する要請事項の決定	第2章(監査環境の整備)
		④ 公認会計士等の報酬等に関する同意の可否の決定(理事が公認会計士等の報酬を決定する時期の監事会)	第5章第2節(公認会計士等の報酬等決定の同意)
		⑤ 内部監査部門等からの内部統制システムの評価、監査計画の聴取及び意見交換	
	総(代)会終了後の監査の実施	① 総(代)会議事録の記載内容の監査	第11章第3節(総(代)会終了後の監査活動)
		② 決議事項の組合員への通知及び公告、剰余金割戻しの実施、商業登記等、決算関係書類等の行政庁への提出、総(代)会決議事項の実施状況監査	
		③ 総(代)会後の法定備置書類の監査	
		④ 総(代)会終了後の理事会決議事項についての監査	
	代表理事との会合及び理事との協議等	① 監査方針、監査計画の説明及び円滑な監査活動の保障の要請	第6章(代表理事との定期的会合)
		② 経営方針の確認	

		③　法令等遵守体制、損失の危険管理体制、情報の保存管理体制等を含む内部統制システムの構築・運用状況についての意見交換 ④　組合が対処すべき課題、リスク等についての意見交換 ⑤　理事から監事への報告事項についての理事との協議	第7章（内部統制システムに係る監査）
	公認会計士等との会合	①　公認会計士等の職務遂行の適正確保体制の通知受領 ②　公認会計士等の監査計画の前提となる内部統制の状況、リスクの評価等の説明聴取、意見交換 ③　公認会計士等の監査計画、監査項目の説明聴取、意見交換 ④　監事監査方針、計画の概要説明、意見交換	第5章第3節（公認会計士等との連係及び会合）
期　中	日常監査・内部統制システムの構築・運用状況の監査の実施と報告	①　理事の職務執行の監査、理事会決議その他における理事の意思決定の監査 ②　理事会への出席・意見陳述、その他重要会議出席 ③　理事会決議に基づく内部統制システムの構築・運用状況の監査（非決議の場合も同じ。また内部監査部門等との連係を含む） ④　理事及び職員からの報告受領、内容聴取 ⑤　重要書類閲覧 ⑥　実地調査 ⑦　子会社等の調査 ⑧　自己取引等の調査 ⑨　公認会計士等の監査への同行・立会い ⑩　監査調書の作成、監査内容等の報告・説明	第8章第2節（理事会その他重要会議出席） 第7章（内部統制システムに係る監査） 第8章第3節（報告の聴取） 第8章第4節（書類の閲覧） 第8章第5節（実地調査） 第8章第6節（子会社等の調査） 第8章第7節（生協法が特に規定する理事等の行為に係る監査） 第5章第3節（公認会計士等との連係及び会合） 第8章第1節（日常監査の実施と監査調書の作成）

期中の監事会	① 理事会議案等の監査及び議案への意見に関する審議 ② 理事・公認会計士等からの報告聴取 ③ 各監事の期中監査実施状況及び監査予定の報告・審議 ④ 理事に対する助言、勧告、その他の対応等の審議	第3章第1節第2項(開催方法及び日程) 第3章第2節第3項(期中の監事会)
監事連絡会 監事・監査役連絡会	① 各監事の期中監査実施状況及び監査予定の報告と連係 ② 各監事の情報の共有化 ③ 監事会の付議事項等の事前検討 ④ 代表理事との会合、公認会計士等との連係についての事前検討 ⑤ 監査業務の分担の調整	第3章第3節(監事連絡会) 第3章第4節(監事・監査役連絡会)
代表理事との会合及び理事との協議等	① 理事から経営課題その他監事への報告事項の報告 ② 監事監査実施状況とその結果についての理事への報告 ③ 必要があると認めたときの理事に対する助言、勧告 ④ 内部統制システムの構築・運用状況についての意見交換 ⑤ 監査職務の円滑な遂行、監査の実効性確保のための監査体制についての意見交換、及び監事の候補者、監事選任議案を決定する手続についての協議 ⑥ 監事監査の環境整備事項に関する理事への要請及び意見交換	第6章第2節(主要議題と開催時期) 第7章第5節(監査実施後の措置、理事会への助言・勧告)
月次貸借対照表・損益計算書等の監査の実施	① 担当理事及び職員から月次貸借対照表・損益計算書等の説明聴取 ② 月次数値の変動状況の把握 ③ 日常監査で把握した業務及び財産の状況と照合	第9章第3節(期中の会計監査)
公認会計士等との連係及び会合	① 必要に応じ公認会計士等の監査に立会い ② 公認会計士等からの監査実施報告、監査内容説明聴取	第9章第3節(期中の会計監査) 第5章第3節(公認会計士等との連係及び会合)

16

	監事候補に関する方針の審議	① 次期監事体制の方針の決定 ② 監事候補の選考基準の決定 ③ 選任(選挙)プロセスへの関与	第1章第2節(監事の選出)
期末監査時	期末監査の事前準備	① 総(代)会関係日程(含む:決算会計処理関係日程)の適法性監査 ② 期末監査日程(含む:監事会日程)の作成 ③ 期中監査結果の整理	第9章第4節(期末監査)
	期末監査準備時の監事会	① 総(代)会関係日程(含む:決算会計処理関係日程)の適法性の審議 ② 期末監査計画(含む:監事会日程)の決定	第3章第2節(監事会の開催時期と主要議題)
	期末監査の実施	① 会計方針、会計処理の方法等の説明聴取 ② 決算関係書類の調査 ③ 事業報告書記載内容の調査 ④ 附属明細書記載内容の調査 ⑤ 剰余金処分案の調査 ⑥ 理事会における決算関係書類及び事業報告書並びにこれらの附属明細書の検討状況の監査	第9章第4節(期末監査)
	代表理事との会合	① 代表理事と次期監事候補推薦プロセスの協議 ② 代表理事から監事選任に関する提案受領 ③ 代表理事から組合が対処すべき課題についての見解、組合に著しい損害を及ぼすおそれのある事実の有無等について報告受領	第1章第2節(監事の選出) 第6章(代表理事との定期的会合)
	公認会計士等との連係及び会合	① 必要に応じ公認会計士等の監査に立会い ② 公認会計士等から会計監査報告を受領、監査内容説明聴取 ③ 公認会計士等の職務遂行の適正確保体制の通知受領(期中における変更の有無の確認)	第5章第3節(公認会計士等との連係及び会合)
	監査報告作成の監事会	① 各監事の監査の報告 ② 監事連名の監査報告書の審議と作成及び意見不一致の場合の監査報告書の作成と理事への提出	第10章(監査報告の作成・提出)

		③ 理事会における監査報告の報告者の決定	
	総(代)会議案決定の理事会前の監事会	① 監事選任議案への同意の可否の決定、理事へ同意書提出(選挙における監事候補者の推薦) ② 公認会計士等の再任への同意の可否の決定 ③ 公認会計士等の選任・解任又は不再任の議案への同意の可否の決定	第1章第2節(監事の選出) 第5章第1節(公認会計士等の選任・解任・再任・不再任)
	決算理事会	① 公認会計士等の会計監査報告の報告確認 ② 監査報告書の報告 ③ 総(代)会招集日時、場所、提出議案(選挙における監事候補者名簿を含む)、書類の検討状況の監査	第9章第4節(期末監査) 第11章第1節(総(代)会前の監査活動)
総(代)会前	総(代)会前の監査の実施	① 総(代)会招集手続の適法性監査 ② 総(代)会提出議案及び書類の調査 ③ 総(代)会前の法定備置書類の監査 ④ 組合員(総代)からの質問に対する説明の準備	第11章第1節(総(代)会前の監査活動)
	総(代)会前の監事会	① 総(代)会招集手続、提出議案・書類、総(代)会前の法定備置書類等の監査実施報告、審議 ② 総(代)会当日の監査口頭報告の報告者の決定及び報告内容の審議 ③ 組合員(総代)からの質問に対する説明者の決定及び説明内容の審議	第11章第1節(総(代)会前の監査活動)
	次期監査計画策定	① 監査方針、監査計画、重点監査項目、監査業務の分担、監査実施日程、監査費用の予算等の作成	第4章(監査方針及び監査計画)
総(代)会当日	総(代)会当日の監査の実施	① 総(代)会の議事運営及び決議方法の監査 ② 監事の口頭報告 ③ 組合員(総代)からの質問に対する説明	第11章第2節(総(代)会当日の監査活動)

第1章
監事の選出、常勤監事の互選、監事報酬

第1節　監事、監事会

1　消費生活協同組合及び消費生活協同組合連合会（以下「組合」という。）は、役員として、5人以上の「理事」と2人以上の「監事」を置かなければならない。理事は、原則として組合員又は会員法人の役員（以下「組合員等」という。）でなければならないが、監事は、組合員等でなくてもよい。

　　また監事監査の環境整備の視点から、その体制等については、「組合員による監査」「法律・会計・経営という3つの専門性を備えた監査」の両立という観点に基づき検討を行う。

　　なお員数については、生協法では定款で定める定数に欠員が生じた場合、臨時総代会の開催が必要となるため、選任（選出）時における定数は、辞任等のリスクを考慮してもなお定款で定める最低人数が欠けないよう留意する。

2　理事と監事はともに役員として組合と委任関係にあり、お互いに独立・対等の立場で組合のガバナンスの一翼を担う存在として、制度上設計されている。理事は理事会を構成し、重要事項に関する意思決定や代表理事の業務執行状況の監督にあたる。監事は、理事の職務の執行を監査（＝監視・検証）し、事業報告書・決算関係書類（剰余金処分案を除く）やそれらの附属明細書の適正性、剰余金処分案の法令・定款適合性、理事の職務執行における不正な行為や法令・定款に違反する重大な事実の有無について、監査報告に記載して総代会に報告する責務がある。こうした理事、監事の職務が十分に果たされることが、組合における健全なガバナンスを実現する上で重要な意義を持つ。

3　消費生活協同組合法（以下「生協法」という。）では、監事は独任制の機関として規定しているが、広範にわたる理事の職務の執行状況を監視し検証するという職務を適正に果たしていく上で、監事全員により構成される任意の機関として定款や規則の規定で監事会を設置する。

　　監事会では、監査の方針、監査計画、監査の方法、監査業務の分担等について決定し、各監事による監査の実施状況を報告し、得られた情報を他の監事と共有するなどして、監事監査の実効性を高め、組織的かつ効率的な監査の実施に役立てていくことが重要である。監事監査の環境整備にあたっても、監事会における検討を通じて、理事会への協力の要請の内容を決定する。ただし、生協法で定めた各監事の権限の行使を妨げることはできない。

4　一定規模以上の組合において監事監査を実効的に行う上では、理事・職員に報告を求めたり、各種の書類を閲覧したり、諸会議に出席したりすることを通じて、業務組織内での政策形成や業務執行の状況を日常的に把握することが必要になる。常勤監事は、日常的にこうした職務を担う。法により設置が義務付けられている負債総額200億円超の組合はもちろん、そこまでの規模でなくとも、負債総額50億円以上の組合は非営利法人として一定の規模の水準に達していることから、その社会的責任に鑑み、代表理事との協議も踏まえ常勤監事を設置することが適切である。

　　それ以外でも、県内で事業高が最大の組合では、当該地域における影響力の大きさに鑑み、監事監査の強化が必要になる。これら組合では、実践的観点から常勤的な働き（例えば週に1～2回出勤して重要な会議への出席や情報収集、監事スタッフとの意思疎通を行うなど）を想定する監事の設置について積極的に検討することが適切である。

　　また監事の構成についても上記1に規定した体制整備の観点に基づき、有識者監事の配置について監事会で方針を持ち、代表理事と

21

監事構成に関する合意形成を進め、独立性を確保しつつ、場合によれば上記の専門性を有する監事候補の人選等につき、代表理事に協力を要請する。

第2節　監事の選出

1　監事は、総(代)会において、定款で定めた方法（選挙又は選任）によって選出される。

　　監事(会)は、選挙の場合の推薦候補者又は選任の場合の選任候補者について、次の点を考慮して人選に関する一定の方針を定める。

① 　組合の内部統制システムの構築・運用状況を勘案して、監査職務の円滑な遂行と監査の実効性確保のための監査体制をどのように構築するか検討する。

② 　法定で員外監事・常勤監事が設置されている場合、途中退任等のリスクについて検討する。

③ 　監事の構成について、常勤監事（常勤的な役割を果たす監事を含む）と非常勤監事、組合員監事と員外監事・有識者監事（独立性・中立性）の構成、現任監事の在任年数・残存任期期間等を検討する。

④ 　監事スタッフの専任・兼任の有無と兼任の場合は、その職務が十分に果たせているかを含め検討する。

　　常勤監事の場合は、監査に必要な情報を自ら入手することができるが、非常勤監事の場合は、組合内の情報は、主として監事会から又は組合内関係者からの限られた時間での報告に依存せざるを得ないので、常勤監事・監事スタッフの体制・監事会の運営の充実等によって、非常勤監事の監査に必要な組合内情報を提供する体制の整備に留意する必要がある。また、非常勤監事も可能な限り積極的に組合内の情報を把握する努力が求められる。

2　理事が監事選任議案を総(代)会に提出する場合は、監事の過半数の同意を必要とする。また、監事は、理事に対し、監事の選任を総

(代)会の議題とすること又は監事の選任議案を総(代)会に提出することを請求することができる。

3　法律上、監事の選任について、監事には次の権限が付与されている。

(1)　監事選任議案につき、監事の過半数の同意がない場合には、総(代)会への提出ができない。(準用会社法第343条第1項)

(2)　監事の選任を総(代)会の議題とすること（＝候補者を示さない形）、又は監事選任議案を総(代)会に提出すること（＝候補者を示す形）を請求できる。(同条第2項)

　　　これらの規定は、実践的には監事の選任プロセスへの監事の主体的関与を保障することの重要性として捉える。監事候補者、監事選任議案の形成・決定手続、補充の要否等について、あらかじめ理事と監事の間で協議の機会を持つことにより、監事体制に関する監事の意見を反映できるようにしておく。

　　　「選挙」方式をとる場合も、監事候補者の推薦プロセスにおいて、実質的に監事の意見を反映できるよう、あらかじめ理事と監事の間で同様の協議の機会を持つ。

　　　理事から提案する場合は、理事会が監事選任議案を決定する前に監事会を開催し、その結果を理事に回答できるだけの時間の余裕をもって、かつ書面で提案するよう、あらかじめ理事と協議する。

(3)　監事会は、上記1に記載した監事候補者選出方針に照らして監事候補者の適格性を検討し、その結果を理事に書面で回答する。

　　　監事会が、監事選任議案を総(代)会に提出することを理事に請求する場合は、書面によって行う。

4　監事は、理事会において、監事の選挙又は選任の議案が総(代)会に提出する議案として適正に決議されることを確認する。

5　監事は、監事の選挙又は選任若しくは解任の議案がある場合、総(代)会議案書等に必要な記載事項が適正に記載されているか確認す

る。

6　監事は、総(代)会において監事の選挙又は選任若しくは解任の議案が適正に決議されることを確認する。

監事は、必要に応じ、総(代)会において監事の選任、解任又は辞任について意見を述べることができる。

7　監事を辞任した者は、辞任後最初に招集される総(代)会に出席して、辞任した旨及びその理由を述べることができる。

総(代)会終結時点で監事を辞任する者も、次回の総(代)会に出席して意見を陳述することができるが、辞任する時点の総(代)会で陳述を行っても差し支えない。

(監事を辞任した者の次回総(代)会出席手続については、第11章第1節第2項－3(4)参照)

第3節　常勤監事の互選及び解職

1　生協法又は定款、規則の規定により常勤監事を置く組合は、監事の互選によって常勤の監事を定めなければならない。

なお、「常勤」が法定の場合については、その互選は適法な監査に必要な要件となることに留意する。

2　監事の改選を行った総(代)会終了後、監事はすみやかに常勤の監事を互選する。

常勤監事の任期は、原則として、監事の任期到来日までであるが、毎年常勤監事の互選・解職を行うこともできる。

3　常勤監事の互選又は解職は、監事会において行うことができる。その結果は、監事会議事録に記載の上、書面によって代表理事に通知する。

第4節　特定監事の選定

1　「特定監事」とは、次の職務を行う者として定められた監事をいう。特定監事を特に定めない場合は、すべての監事が特定監事となる。

①　各監事が受領すべき決算関係書類及び事業報告書並びにこれら
　　の附属明細書を理事から受領し、それらを他の監事に送付するこ
　　と
（「決算関係書類」の内容については、第9章第1節第1項「決算関
　　係書類の用語の定義」参照）

②　公認会計士等から、会計監査報告の内容の通知を受け、それを
　　他の監事に通知すること

③　監事の監査報告の内容を、特定理事に通知すること

④　前各号の日程について、特定理事及び公認会計士等と合意する
　　こと
　　（特定理事とは監査報告の通知を受ける者として定められた理事、
　　特に定められていない場合は決算関係書類及び事業報告書並びに
　　これらの附属明細書の作成に関する業務を行った理事をいう）

2　特定監事の選定は、監事会議長互選時の監事会において併せて行
　い、常勤監事がいる場合は、常勤監事が特定監事と監事会議長を兼
　任してもよい。

3　特定監事を選定した場合は、代表理事又は特定理事、及び公認会
　計士等に通知する。

第5節　監事報酬

1　監事の報酬又は退職慰労金に関し、各監事が受けるべき額につい
　て定款の定め又は総（代）会の決議がない場合には、総（代）会終了後
　速やかに監事全員が協議して、総（代）会で決議された支給総額の範
　囲内で各監事が受ける額を定める。

　　協議の結果については、協議書を作成し、代表理事に通知する。

　　なお協議の場は、「監事の協議」、あるいは監事会で協議する定め
　のある場合又は監事全員の同意がある場合には、「監事会で協議」
　のいずれでもよい。

2　各監事が受けるべき報酬の額は、常勤・非常勤の別、監査職務の

分担状況、理事の報酬等の内容及び水準等を考慮して検討する。

　また、一定規模以上の組合において、弁護士、公認会計士等が監事に就任する場合には、株式会社における社外監査役の報酬水準と比較される可能性がある。したがって報酬水準については、適切な人材を確保するという観点から影響がある事項でもあるため、体系的検討の中で留意する。

　監事の協議により定めた支給内規がある場合においても、監事の改選が行われる総(代)会の直後に協議を行う。

3　監事の退職慰労金の金額について、監事の協議による場合は、支給基準について、総(代)会議案書等に内容を記載するか又は本部に備え置き閲覧に供する等、組合員が知ることができるような方策を講じることが必要である。

(監査費用については、第4章第6節「監査費用の予算等」参照)

第2章
監査環境の整備

第1節　監事、監事会による環境整備の検討、要請

1　監事は、その職務につき善管注意義務を尽くして遂行しなければ
ならず、十分に職務を遂行しているか否かについて法的責任を問わ
れる可能性がある。監事の具体的な職務は理事の職務の執行を監査
することであるが、監事が制度上の要請に応えて監査業務を十全に
行っていく上では、監事監査の環境整備が不可欠となる。

　監事監査の環境整備に努めることは、監査業務と並ぶ監事の重要
な職務であり、監事が主体性をもって取り組むことが求められる。
しかし、監事監査の環境整備には理事や理事会の理解と協力も不可
欠であり、監事の職務の執行のために必要な体制の整備に留意する
ことは理事や理事会の責務でもある。生協法施行規則第58条第2
項は、このことについて、下記のように規定している。

2　監事は、その職務を適切に遂行するため、次に掲げる者との
意思疎通を図り、情報の収集及び監査の環境の整備に努めなけ
ればならない。この場合において、理事及び理事会は、監事の
職務の執行のための必要な体制の整備に留意しなければならな
い。

一　当該組合の理事及び使用人

二　当該組合の子会社（法第28条第5項に規定する子会社を
いい、共済事業を行う組合にあっては、法第53条の2第2
項に規定する子会社等をいう。以下この条において同じ。）
の取締役、会計参与、執行役、業務を執行する社員、会社法
（平成17年法律第86号）第598条第1項の職務を行うべき者

　　　［法人が業務執行社員である場合に当該法人が選任した業務
　　執行者──注］その他これらの者に相当する者及び使用人
　三　その他監事が適切に職務を遂行するに当たり意思疎通を図る
　　べき者

2　監事の監査環境を整備すべき事項としては、第1章の監事体制と
　併せて整備が求められるが、個別の体制として以下の整備が必要で
　ある。
　①　監事の職務の補助職員、②監事への報告体制、③その他監事監
　　査の実効性を確保する体制
　　　これらは、監事が日常監査を実効的に行うための前提条件とし
　　て、主体的に整備に努める必要がある事項であり、かつ、理事及
　　び理事会も、監事の職務執行のために必要な体制として、その整
　　備に留意しなければならない義務が課されている事項である。
3　内部統制は、「業務を適切に進めるための決まりごとを設け、組
　織の中の人々がそれに基づいて業務を行っていくプロセス」（日経
　文庫、町田祥弘著『内部統制の知識』、p.15）であり、その構築・
　運用は善管注意義務の一部をなすものとして、業務執行を掌る理事
　の責務である。生協法では内部統制に係る直接の規定はないが、そ
　の構築・運用は理事の法的義務として捉える。
　　　日本生協連は、全ての組合に対して業務全般の適正性確保に係る
　　内部統制の構築・運用について呼びかけている。
　　　監事監査の環境整備事項等については、内部統制システムの一環
　　として、理事会は基本方針の決議をしなければならない。
　　　基本方針の決議を行った組合は、事業報告書に決議の内容の概要
　　を記載する。監事は、理事会の決定を相当でないと認めた場合には、
　　監査報告書にその旨及び理由を記載しなければならない。
　　　内部統制システムの決議を行っていない場合も含め、監事が要請
　　した監査環境の整備事項等について、理事が正当な理由なく適切な

措置をとらない場合には、監事は監事会の審議を経て、監査報告書でその旨を指摘する。

（第7章「内部統制システムに係る監査」参照）

4　監事会は、事業年度の監査計画の作成にあたって、その事業年度の監査を実効的に行うために必要な監事監査の環境整備事項等を、以下に示す事項（水準等）について理事と意思疎通を図った上で検討し、必要に応じてその体制を整備するよう理事及び理事会に要請する。

①　組合規模、事業の特性、経営上のリスクの状況等、監査を遂行するにあたって認識すべきリスクの大きさ及び当該リスクに係る監査を遂行する場合の難易度等に応じて、合理的に必要と認められる水準であること。

②　監事監査と一種の補完関係にもある内部監査を含む内部統制システムの状況に応じて、合理的に必要と認められる水準であること。

5　監事会は、随時、監事監査の環境整備事項等について監視し、整備状況に問題があると判断した場合は、監事会で改善内容を検討の上、代表理事との定期的会合等（第6章「代表理事との定期的会合」参照）を活用して理事と協議し、必要な改善や理事会による見直しの決議を要請するなど、環境整備の状況が改善されるよう監事と理事双方で協力する。

第2節　監事スタッフ

1　監事会は、監査の実効性を高め、かつ、監査職務を円滑に遂行するため、監事の職務遂行を補助する監事スタッフについて、監事及び監事スタッフの総体として、監事に求められる知見（監査、法律、財務、会計、経営、内部統制システム等）を具備し、組合の監査を遂行するにあたって必要と考えられる監査内容に見合う体制（常勤監事の設置の有無も勘案）を確保しているかを検討した上で、次の

観点から理事に要請する案を決定し、理事と協議して、体制の整備を図る。

① 　監事スタッフの人数と具備すべき能力

② 　次の3に記載する監事スタッフの職務内容及び権限

③ 　次の4に記載する監事スタッフの独立性に係る事項

　　なお、監事及び監事スタッフの総体で遂行する監事監査は、理事・理事会が整備する内部統制システムの状況、中でも内部監査部門その他内部統制におけるモニタリング機能を所管する部署（以下、内部監査部門等という）と一種の補完関係にあるので、これらの内部監査部門等との有効な連係・活用も考慮して、合理的に必要と考えられる範囲を検討する。

2 　内部監査部門等が有効に機能していれば、監事の監査の負担を軽減できるから、監事と内部監査部門等とは、具体的な監査遂行の際に連係・補完関係となるが、監事、監事スタッフ、内部監査部門等の本来の機能は、それぞれ次のように整理される。

① 　内部監査部門等は、主として代表理事の指揮下にあって、かつ、業務執行部門とは独立性を保ちながら、内部統制システムの有効性のチェック・モニタリングを行い、内部統制システムの実効性を保ち、改善に結び付けていく機能を担う。

② 　監事は、理事の組合運営上の管理監督責任・善管注意義務の責任の遂行状況について監査する。したがって、理事・理事会による内部統制システムの構築・運用状況が監査の対象となるので、内部統制システムの中に含まれる内部監査部門等が有効に機能しているか否かについても監査対象となり、さらに監事監査が実効的に遂行されるための監事監査の環境整備事項等についても監査対象となる。

③ 　監事スタッフは、監事の指揮下にあって監事の監査職務を補助する。（具体的な職務内容については次の3を参照）

　　内部監査部門等の担当者が監事スタッフを兼務する場合でも、

　　その担当者が監事スタッフの職務に従事する際は、監事の指揮下
　　にあって業務執行側からの独立性を保ち監事スタッフ機能を果た
　　すことが求められる。
3　監事スタッフの監査補助職務の内容は、次のとおりであり、監事
　はスタッフ体制の充実度に応じて有効にスタッフの活用を図る。
　①　監事会事務局業務（監事会招集通知発信、資料作成、議事録作
　　成等）
　②　監事共有資料管理、監査日程管理、予算管理、関連部署との諸
　　調整
　③　監査計画案作成
　④　監事監査の補助活動（報告聴取、書類閲覧、報告書作成、諸会
　　議出席、公認会計士等の監査立会い等）
　⑤　その他監事の特命事項の調査等
4　監事会は、監事スタッフの独立性について、次の事項を検討し、
　理事と協議して独立性の確保を図る。
　①　監事スタッフの属する組織・所属部門を明確にする。
　　　監事スタッフの属する組織は、独立した組織で監事直属とする。
　　所属する組織が理事に属する場合であっても、原則として、実質
　　的な職務の分担は監査補助職務の専任とする。
　②　監事の監事スタッフに対する指揮命令権を明確にする。
　　　監事スタッフの監査上必要な情報収集権限を明確にする。監事
　　スタッフが兼任である場合でも、監事監査の補助職務を行うため
　　の権限が明確化され、監事の指揮命令に関し、理事以下所属する
　　組織の上長等の指揮命令を受けないことを明確にし、かつ、監事
　　スタッフの人事異動・人事評価・懲戒処分に関する監事の同意権
　　の明確化を図る。
5　監事は、監事スタッフの配置を求めない場合についても、内部統
　制システムに係る理事会決議として、「監事から求めがあれば配置
　する」趣旨の決議がなされるよう理事と協議する。

第3節　監事への報告体制

1　監事が、監査を実効的に行うために最も重要なポイントは、「監査に必要な情報を如何に把握するか」ということにある。

　　組合及び子会社等に関する情報について、監事が自動的に入手できる仕組みの構築と効果的な運用（例えば、監事の会議出席、監事への資料・文書・電磁情報の回付、口頭報告等をルール化し機能させること）が必須であり、自動的な情報入手の仕組みの構築・運用が適切になされることによって、自動的には入手できない異常情報の兆しを監事が感知する可能性が高まる。

2　監事会は、組合及び子会社等の事業の特性、組織体制の状況その他監査を遂行するにあたって認識すべきリスクの状況等を勘案して、監事に対する法定報告事項（生協法第30条の3第3項（役員の職務及び権限等：会社法第357条第1項準用））の他に、次に例示するような監事への報告に関する事項についてあらかじめ理事と協議して定め、これらの事項について実効的・機動的な報告がなされるよう内部規則の制定その他の内部体制の整備について理事に要請する。

(1) 監事が出席する会議（監事が出席しない場合でも、議事録及び付議資料を閲覧する会議を含む。）の例
　　・　代表理事及び業務執行理事が出席する重要会議（経営会議、常勤理事会、予算・決算会議その他重要会議）
　　・　内部統制システムに係る重要会議・委員会等（リスク管理・危機管理委員会、コンプライアンス委員会）等

(2) 監事が閲覧する資料の例
　　次のようなものに関する稟議書・決裁書・報告書等
　　・　代表理事が決裁するもの、その他理事・執行役員等が決裁するもの、法令等遵守に関するもの、リスク管理・危機管理に関するもの、内部監査に関するもの、重要な会計方針変更・会計

基準等の制定・改廃に関するもの、重要な訴訟・係争に関する
もの、寄付金等無償の利益供与、関連当事者との一般的でない
取引等に関するもの、事故・不正・苦情・トラブルに関するも
のなど

(3) 監事に定例的に報告すべき事項の例

・　経営状況、事業遂行状況、財務の状況・月次貸借対照表・損
益計算書等、内部監査部門等が実施した内部監査の結果、リス
ク管理の状況、コンプライアンスの状況、事故・不正・苦情・
トラブルの状況など

(4) 監事に臨時的に報告すべき事項の例

・　組合に著しい損害を及ぼすおそれのある事実、理事の職務の
遂行に関して不正行為・法令定款に違反する又はそのおそれが
ある重大な事実、内部通報制度に基づき通報された事実、当局
検査・外部監査の結果、当局等から受けた行政処分等、重要な
会計方針変更・会計基準等の制定・改廃、業務及び業績見込み
の発表内容・重要開示書類の内容など

第4節　その他監事監査の実効性確保体制

1　その他監事監査の実効性を確保する体制には、監事監査の環境整
備事項等のうち、本章第2節「監事スタッフ」及び第3節「監事へ
の報告体制」でカバーされていない事項を広く含む。

具体的な例としては、

①　監事監査の重要性と有用性に対する代表理事その他の理事の認
識及び理解

②　内部監査部門等の体制の充実及び監事との連係

③　必要な場合における専門家（弁護士・公認会計士・税理士・コ
ンサルタント等）と監事との直接の意思疎通ルート等、監事の円
滑・適切な監査活動の保障

④　組合集団における業務の適正性確保の観点から、子会社の業務

　執行者、子会社内部監査部門等との意思疎通並びに子会社監査役
との実効的な連係体制等について検討し、理事等へ求める案を決
定して、その体制について理事と協議し、整備を要請する。

第3章
監事会

第1節　監事会の運営

第1項　組織

1　監事会は、すべての監事で組織する。

　　監事は、職務の遂行の状況を監事会に報告するとともに、監事会を活用して、監査の方針、業務及び財産の状況の調査の方法その他の監事の職務の執行に関する事項を定める。ただし、監事会は、各監事の権限の行使を妨げるものではない。

2　監事会の運営に関する基本的事項は、監事監査規則（監事会規則）等により定める。

第2項　開催方法及び日程

1　監事会は、監事監査規則（監事会規則）等に従って、定期に開催するとともに必要に応じて随時に開催する。会議開催に際しては監事全員出席が原則であるが、定足数の規制はなく、監事総数の過半数の同意による議決が可能であれば会議は成立する。

2　監事会の開催日程については、理事会の開催日時、決算日程等に配慮の上、非常勤監事を含め全監事が出席できるよう年間の開催日程をあらかじめ定める。決算日程等の織り込みが困難な場合は、期末までの開催日程を定め、決算日程が判明次第、期末決算監査から通常総(代)会終了後までの間の開催日程を定める。

　　下表は、監事会で必要とされる議題とその時期について年間を一覧したものであるが、各々の開催時期と議題についての解説は、本章第2節の「監事会の開催時期と主要議題」を参照されたい。

　　下表では、議題に応じて開催時期を細分化しているが、例えば「総

(代)会終了後の監事会と「期初」の監事会を、また、「監査報告の作成及び提出時」の監事会と「総(代)会議案決定の理事会前」の監事会とを合わせて開催する、あるいは期中の監事会は理事会開催に合わせて開催する等、開催時期と開催回数は必要に応じて決定する。

年間に予定される監事会の時期と議題

開催時	議　　　題
総(代)会終了後	①　常勤監事の互選（及び解職） ②　監事会議長（招集者）の互選 ③　特定監事の選定 ④　監事の報酬等の協議
期　　初	①　監査方針、監査計画（監事会日程含む）、監査業務分担の決定 ②　監査費用の予算等の決定 ③　監事監査の環境整備事項の検討及び理事に対する要請事項の決定 ④　公認会計士等の報酬等の決定に関する同意の可否の決定（理事が公認会計士等の報酬を決定する時期の監事会）
期　　中	①　理事会議案等の監査及び議案への意見に関する監事会の審議 ②　理事・公認会計士等からの報告聴取 ③　各監事の期中監査実施状況及び監査予定の報告、審議 ④　理事に対する助言、勧告、その他の対応等の審議
期末監査準備時	①　総(代)会関係日程（決算会計処理関係日程含む）の適法性審議 ②　期末監査計画の決定

監査報告の作成及び提出時	①　各監事による監査結果の内容の報告
	②　監査報告の内容の審議、作成、提出
	③　決算関係書類及び事業報告書並びにこれらの附属明細書承認の理事会において、監事が監査報告を行う場合、その報告者の選定
総(代)会議案決定の理事会前	①　監事選任議案に関する同意の可否の決定
	②　公認会計士等の再任の適否の決定
	③　公認会計士等の選任・解任・不再任の議案に関する同意の可否の決定
総(代)会前	①　総(代)会招集手続、提出議案・書類、総(代)会前の法定備置書類等の監査実施報告、審議
	②　総(代)会当日の監事の口頭報告の報告者の決定及び報告内容の審議
	③　総代（総会の場合は組合員）からの質問に対する説明者の決定及び説明内容の審議

第３項　招集手続

1　監事会の議長（招集者）は、監事監査規則（監事会規則）等に基づき、次の事項を記載した招集通知を所定の日までに各監事に対し発送する。

　①　開催日時　②　開催場所　③　会議の目的事項（付議事項等）

2　監事全員の同意がある場合は、招集手続を省略することができる。

3　監事会の招集者及び各監事は、付議事項等についてあらかじめ参考資料を配布して、監事会が効率的に運営できるよう配慮する。

第４項　付議事項等

1　監事会には次に掲げる事項を付議する。

　①　各監事の権限の行使に関する事項であって、監事会の審議を要するもの

　　②　監事の過半数の同意によって決定すべき事項

　　③　監事全員の同意によって決定すべき事項

2　監事会は、次に掲げる事項を審議する。

　　①　組合員より総（代）会前に通知された監事に対する質問についての説明、その他総（代）会における説明に関する事項

　　②　理事会に対する報告及び理事会の招集請求等に関する事項

　　③　総（代）会提出の議案及び書類その他のものに関する調査結果に関する事項

　　④　理事による組合の目的の範囲外の行為その他法令又は定款違反行為に対する差止請求に関する事項

　　⑤　監事の選任、解任、辞任及び報酬等に関する総（代）会での意見陳述に関する事項

　　⑥　組合と理事（理事であった者を含む）間の訴訟に関する事項

　　⑦　その他訴訟提起に関する事項

　　⑧　組合に著しい損害を及ぼすおそれのある事実を発見した旨の理事からの報告に対する措置

　　⑨　理事の職務の執行に関し不正の行為又は法令若しくは定款に違反する重大な事実があることを発見した旨の公認会計士等からの報告に対する措置

　　⑩　あらかじめ理事と協議して定めた事項についての理事又は使用人からの報告に対する措置

3　監事会は、次に掲げる事項を決定する。

　　①　監査方針、監査計画及び監査業務の分担（ただし、各監事の権限の行使を妨げることはできない）

　　②　監査の実効性の確保に係る理事又は理事会への協力の要請の内容

　　③　監査費用の予算

　　④　総（代）会に提出する監事選任議案への同意

　　⑤　監事の選任を総（代）会の議題とすること又は監事の選任議案の

総(代)会への提出の請求

⑥　監事による総(代)会の招集に関する事項の決定

⑦　公認会計士等の再任の同意又は総(代)会における公認会計士等の選任・解任・不再任の同意

⑧　公認会計士等の選任議案の総(代)会への提出又は公認会計士等の選任・解任・不再任を総(代)会の議題とすることの請求

⑨　監事全員の同意により公認会計士等を解任したことを総(代)会に報告する監事の選定

⑩　公認会計士等が欠けた場合において、遅滞なく後任者が選任されないときに行う、一時公認会計士等の選任

⑪　公認会計士等又は一時公認会計士等の報酬等

⑫　常勤監事の解職

⑬　監査についての規則等の設定、変更又は廃止

⑭　監査に関する基準の設定、変更又は廃止

4　監事会は、次に掲げる事項を協議する。

①　理事の責任の一部免除に関する議案を総(代)会に提出することに対する同意

②　組合員による理事（元理事を含む。③④も同様）の責任を追及する訴えにおいて、組合が被告理事側に補助参加することに対する同意

③　組合員による理事の責任を追及する訴えにおいて、裁判所から通知された和解内容の承認

④　組合による理事の責任追及訴訟における和解内容の同意

⑤　監事による公認会計士等の解任

⑥　各監事の報酬等

5　監事は、次に掲げる事項を監事会に報告するものとする。ただし監事の全員に対して監事会に報告すべき事項を通知したときは、当該事項を監事会に報告することを要しない。

①　理事、公認会計士等、内部監査部門等の使用人その他の者から

の重要な報告

②　監事自らの職務の執行の状況

6　監事会における上記事項の決定、協議については、十分な資料に基づき審議の上、行う。

7　監事は、必要に応じ、監事会において理事、職員、公認会計士等その他関係者から意見又は報告を求めることができる。

第5項　議事録の作成

1　監事会の議事については、議事録を作成する。

2　監事会議事録の記載事項

(1)　議事録は、監事の職務遂行及び監事会の運営が適正になされていることの記録・証拠となるものとして次の事項を記載する。

①　開催の日時及び場所

②　議事の経過の要領及びその結果

③　次に掲げる事項につき監事会において述べられた意見又は発言があるときは、その意見又は発言の内容の概要

(イ)　組合に著しい損害を及ぼすおそれのある事実を発見した旨の理事からの報告

(ロ)　理事の職務の執行に関し不正の行為又は法令若しくは定款に違反する重大な事実があることを発見した旨の公認会計士等からの報告

(ハ)　監事会が必要に応じて理事、職員及び公認会計士等に報告を求めたときの、理事、職員及び公認会計士等からの報告

④　監事会に出席した理事、職員及び公認会計士等の氏名又は名称

⑤　監事会の議長の氏名

(2)　出席した監事は、議事の経過の要領及び結果が適切に記載されているか、賛否の記録は適切か（議事録に異議の記録を残さない場合は同意したものと推定される）、また、必要な資料が添付さ

れているか確認の上、署名又は記名押印する。

(3) 監事会への報告を要しないものとされた場合（第4項5参照）には、次の各号に掲げる事項を内容とする議事録を作成する。

① 監事会への報告を要しないものとされた事項の内容

② 監事会への報告を要しないものとされた日

③ 議事録の作成に係る職務を行った監事の氏名

3　監事会は、監事会開催の日から10年間、議事録を保管する。

第2節　監事会の開催時期と主要議題

本章第1節「監事会の運営」に掲げた[年間に予定される監事会の時期と議題]の表の要点解説は次のとおりである。

第1項　総（代）会終了後の監事会

監事は、総（代）会終了後できる限り速やかに監事会を開催する。

監事会の議長（招集者）が互選されていない場合は、互選されるまでの間、監事を代表して仮の議長（招集者）が代行する。

(1) 常勤監事の互選及び解職

(2) 監事会の議長（招集者）の互選

1）監事会は、各監事が招集する権限があるが、議長を互選して議長を招集者とすることで実務上の明確化が図られる。この場合、議長は監事会の招集・議事進行等の監事会運営の職務その他監事会で議長の職務と定めた事項を担当する。

2）議長の任期を定めてもよい。

(3) 特定監事の選定

(4) 監事の報酬等の協議

各監事の報酬等の金額について、定款の定め又は総（代）会の決議がない場合は、監事の協議によって決めるが、監事会で協議することについて全員の同意がある場合又は監事監査規則（監事会規則）等に定めがある場合は、監事の報酬金額、及び退任監事の

退職慰労金支給額について監事会で協議することができる。

第2項　期初の監事会

　期初の監事会は、監事の就任時期に合わせて総（代）会終了後とする
場合と、組合の事業年度の開始時期に合わせる場合がある。

　前者の場合は、総（代）会終了後の監事会と同時の開催でもよいが、
時間の制約があるときは、後日なるべく早期に開催する。後者の場合
には、期初に行う期末決算監査準備のための監事会の時期等に合わせ
適宜開催する。

　次の主要議題のうち、（1）の監査計画等は総（代）会終了後に、（2）
の監査費用の予算等は、組合の事業年度に合わせた時期に検討すると
いうように分ける場合もある。

（1）監査方針、監査計画及び監査業務の分担等を含めた監査計画書
　　　の作成に関する決定（同時に、年間の監事会の開催日程を定める）

（2）監査費用の予算等の決定

（3）監事監査の環境整備事項の検討及び理事に対する要請事項の決
　　　定

（4）公認会計士等の報酬等の決定に関する同意の可否の決定（理事
　　　が公認会計士等の報酬を決定する時点の監事会）

　　1）理事が、公認会計士等又は一時公認会計士等の報酬等を定め
　　　　る場合には、監事の過半数の同意が必要である。

　　2）監事会において公認会計士等の報酬等の同意について決定す
　　　　る際には、監事は、当期の公認会計士等の監査計画の内容及び
　　　　公認会計士等の独立性・監査品質管理体制の整備状況等を聴取
　　　　して判断することになるので、同意の決定は、公認会計士等と
　　　　監査計画についての意見交換を行う時期の監事会が想定され
　　　　る。

第3項　期中の監事会

（1）理事会議案等の監査及び議案への意見に関する監事会の審議

　1）監事は、理事会に出席し、必要があると認めたときは、意見を述べなければならない。

　2）監事は、理事が不正の行為その他法令若しくは定款に違反する行為をし、又はこれらの行為をするおそれがあると認めるとき、又は著しく不当な事実があると認めるときは、遅滞なく、その旨を理事会に報告しなければならない。

　　　この場合、監事は必要があると認めるときは理事会の招集を請求する。請求の日から5日以内に、請求の日から2週間以内の日を理事会の日とする理事会招集の通知が発せられない場合は、監事は自ら理事会を招集することができる。

　　　また、監事は、理事が組合の目的の範囲外の行為その他法令若しくは定款に違反する行為をし、又はこれらの行為をするおそれがある場合において、当該行為によって組合に著しい損害が生ずるおそれがあるときは、当該理事に対し、当該行為をやめることを請求する。これらの場合に、監事は事前に監事会において審議をする。

　3）各監事は、理事会において必要があると認めたときは、意見を述べなければならないので、事前に、各監事は、①理事会議案について内容を把握し、②経営判断原則等の観点から問題点の有無を判断し、③意見陳述の要否を確認する。

　　　そのため、各監事は、あらかじめ議題・資料を入手し、必要な場合は理事又は職員から内容の説明を受けて、理事会開催前の監事会で意見陳述について審議し、又は各監事個別に検討を行う。

　　　意見陳述の必要性とその内容について、監事の意見が一致した場合は、陳述する意見の内容に適した監事の1人が、監事会の意見を代表して陳述してもよい。

（2）理事・公認会計士等からの報告聴取

　1）理事は、組合に著しい損害を及ぼすおそれのある事実を発見したときは、直ちに、監事（監事会）に報告しなければならない。

　2）公認会計士等は、理事の職務の執行に関し不正の行為又は法令・定款に違反する重大な事実があることを発見したときは、遅滞なく、監事（監事会）に報告しなければならない。

　3）理事又は理事会が組合の業務の適正を確保するために整備する体制（内部統制システム）の中に、理事及び職員が監事に報告するための体制その他の監事への報告に関する体制が含まれている。監事会は、あらかじめ理事と協議して定めた監事会に対する報告事項について実効的かつ機動的な報告がなされるよう内部諸規則の制定その他の内部体制の整備を理事に求め、当該事項について理事及び職員から報告を受ける。

　4）監事会は、公認会計士等から、あらかじめ協議して定めた監事会に対する報告事項について報告を受ける。

　5）監事は、いつでも理事及び職員に事業の報告を求めることができ、又必要に応じて公認会計士等にその監査に関する報告を求め、これらの報告を監事会の場で受けることができる。

　6）理事、監事又は公認会計士等が監事全員に対して監事会に報告すべき事項を通知したときは、その事項を監事会に報告しなくてもよいが、別途議事録を作成する。（第 1 節第 5 項 2（3）参照）

　7）代表理事との定期的会合を実施する場合は、監事から提示する議題等について事前に検討する。

（3）各監事の期中監査実施状況及び監査予定の報告、審議

　1）各監事は、実施した監査の方法と経過又は結果及び今後の監査予定を監事会に報告し、監事間の情報の共有化を図る。

　2）期中の監事会における各監事の監査活動報告については、次

の事項を記載した資料を作成し、報告する（あらかじめ資料の書式を設定すれば報告もれを防止できる）。

① 代表理事との定期的会合
② 会議出席
③ 報告聴取
④ 書類閲覧
⑤ 実地調査
⑥ 内部監査部門等との連係
⑦ 公認会計士等との連係
⑧ 監事連絡会
⑨ 監事・監査役連絡会
⑩ 監査関連情報
⑪ 次回監事会までの監査活動予定
⑫ その他、外部研修参加結果等

(4) 理事・理事会・職員に対する助言、勧告、その他の対応等の審議

　1）監事又は監事会は、上記（2）による報告等により、理事から組合に著しい損害を及ぼすおそれのある事実がある旨の報告を受けた場合や、理事及び職員の職務執行に法令・定款違反、又はそのおそれがあると認めるとき等は、監事会で審議の上、必要な調査を行い、理事及び職員に助言・勧告、理事会の招集・報告、理事の行為の差止請求等、状況に応じて必要な措置を講じる。

　2）監事会は、各監事から、実施した内部統制システムに係る監査や、その他の日常監査に関する監査調書に基づく報告を受けて内容を検証の上、発見した問題事象、不備があると判断した事項、その他必要と判断する事項（監事監査の環境整備事項を含む）について、理事・理事会・職員に対し助言・勧告・要請等の必要な措置を講じる。

第4項　期末監査準備時の監事会

(1) 総(代)会関係日程（決算会計処理関係日程を含む）の適法性の審議

総(代)会関係日程、決算会計処理関係日程、公認会計士等の期末監査日程を入手し、法令・定款等に適合していることを確認する。

(2) 期末監査計画の決定

1）監事監査の日程、監査事項、方法、分担を決定する。

2）特定監事が合意すべき次の通知期限について決定する。

①　特定監事が特定理事及び公認会計士等との間で合意する「公認会計士等から会計監査報告の内容の通知を受けるべき日」

②　特定監事が特定理事との間で合意する「事業報告書及びその附属明細書に係る監査報告の内容を特定理事に対し通知すべき日」

③　特定監事が特定理事との間で合意する「決算関係書類及びその附属明細書に係る監査報告の内容を特定理事に対し通知すべき日」

3）同時に、期末日以降の監事会開催日程が未定の場合は、「総(代)会終了後の監事会」までの開催日程を定める。

第5項　監査報告の作成及び提出時の監事会

監査報告の作成及び提出時の監事会は、決算関係書類及び事業報告書の全部を受領した日から4週間を経過した日（又はこれらの附属明細書を受領した日から1週間を経過した日のいずれか遅い日、ただし、特定理事と特定監事が合意してその日を遅らせることができる）以前で、かつ、総(代)会議案決定の理事会前に開催する。

(1) 各監事による監査結果の報告

監事は決算関係書類及びその附属明細書を受領したとき（公認

会計士等の監査を実施しているときは決算関係書類及びその附属明細書並びに公認会計士等の会計監査報告を受領したとき）並びに事業報告及びその附属明細書を受領したときは、これらを監査し、監査結果を監事会に報告する。

(2) 監事連名の監査報告書の内容審議、作成、提出

　（決算関係書類及び事業報告書並びにこれらの附属明細書の監査等に関する期末監査実施内容の審議、公認会計士等の会計監査報告の検討）

1) 監査報告書は、各監事がそれぞれ作成しなければならないが、各監事の意見が一致するときは、監事連名の監査報告書を作成してもよい。

　　この場合、監事会では、上記（1）における各監事の監査結果の報告に基づき、十分に審議の上、監事連名の監査報告書を作成する。

2) 特定監事は、監事連名の監査報告書を、法令で定める通知期限までに特定理事及び公認会計士等に送付する。通知期限は、次の(イ)(ロ)(ハ)のいずれか遅い日である（合意により(イ)、(ロ)の期限を延長できる）。

(イ)　決算関係書類及び事業報告書の全部を受領した日から4週間を経過した日

(ロ)　附属明細書を受領した日から1週間を経過した日

(ハ)　特定理事と特定監事が合意し決めた日のいずれか遅い日

　　（なお、「受領した日から4週間を経過した日」とは、受領した日の翌日から起算し4週間を満了した日の翌日をいう。例えば、5月1日（火）に受領した場合は、5月30日（水）が4週間を経過した日となる。以下同じ）

3) 作成した監査報告書は、その後の理事会における監査報告、通常総(代)会における総代（総会の場合は組合員）への提供及び組合の備置義務に供する。

(3) 決算関係書類及び事業報告書並びにこれらの附属明細書承認の
　　理事会において、監事の監査報告を行う場合、その報告者の選定

　　1) 監事の監査を受けた決算関係書類及び事業報告書並びにこれ
　　　らの附属明細書は、理事会の承認を受けなければならない。

　　2) 決算関係書類及び事業報告書並びにこれらの附属明細書承認
　　　の理事会で監査報告を行う場合、特定監事が報告することにな
　　　るが、特定監事を定めていないときは、報告者を監事会で定め
　　　る。

第6項　総(代)会議案決定の理事会前の監事会

　次に掲げる議題のうち、(1) は、理事が監事選任議案を総(代)会に
提出するためには監事の過半数の同意が必要とされていることに由来
する。(3) は、公認会計士等を再任する場合は総(代)会への付議が不
要となるところ（cf.公認会計士監査規約例第5条第2項）、その前提
となる再任の適否の判断に関し監事の意見を踏まえる必要があること
による。そのため、理事から各々の議案の提案を受けた場合又は監事
が監事選任議案の総(代)会提出を理事に請求する場合は、理事会で総
(代)会議案が決定される前に監事会で検討することが必要である。

(1) 監事選任議案に関し監事から理事へ提出する同意書の決定

(2) 監事報酬議案の検討

(3) 公認会計士等の再任の適否の決定

　　公認会計士等の任期は、選任後1年以内に終了する事業年度の
　　うち、最終のものに関する通常総(代)会の終結の時までとなって
　　おり、当該総(代)会において別段の決議がなされなかったときは、
　　当該総(代)会において再任されたものとみなされる。そのため、
　　監事は、次の (4) の議案の提案がない場合でも、毎期、公認会
　　計士等の職務遂行の適正確保体制等に係る通知内容（第5章第1
　　節第4項1④に記載の内容）並びに公認会計士等の監査の方法及
　　び結果の相当性判断等を併せて、公認会計士等の再任の適否を検

討する。

（4）公認会計士等の選任・解任・不再任の議案に関し監事から理事
へ提出する同意書の決定

第7項　総（代）会前の監事会

1　総（代）会前の監事会における主要議題

（1）総（代）会招集手続、提出議案・書類、総（代）会前の法定備置書
類等の監査結果の報告を受けて審議

（2）総（代）会当日の監事口頭報告の報告者の決定及び報告内容の審
議

（3）総代（総会の場合は組合員）からの質問に対する説明者の決定
及び説明内容の審議

第3節　監事連絡会

1　監事連絡会の活用

監事会の開催は、理事会の開催日時、決算日程、非常勤監事の出
席可能性等により制約を受けるため、監事会議長を中心に、監事ス
タッフも参加させた監事連絡会を適時に開催して、各監事の情報の
共有化を図り、効率的な監査活動遂行のための連係を緊密に行う。

2　監事連絡会における主要議題例

①　各監事の期中監査実施状況及び監査予定の報告と連係

②　各監事の情報の共有化

③　監事会の議題・報告事項の事前検討

④　代表理事との会合、公認会計士等との連係についての事前検討

⑤　監査業務の分担の調整

第4節　監事・監査役連絡会

1　主要な子会社等（子法人等及び関連法人等）との監事・監査役連
絡会の開催

　　子会社等を有する場合、組合集団経営の視点から、内部統制システムの整備及び監査の環境整備に留意し、組合集団全体の監査の質的向上・均質化・効率化を図るため、適時に、組合の監事を中心に必要な子会社等の監査役（又は監事）をメンバーとする監事・監査役連絡会を開催して、子会社等の監査役（又は監事）との緊密な連係を図る。

2　監事・監査役連絡会における主要議題例

①　組合の監事の監査基本方針、重点監査事項の周知

②　主要子会社等の監査計画の調整

③　①、②についての重点監査事項の実施状況報告及び必要な対応についての意見交換

④　主要子会社等の概況報告

⑤　その他監査業務に関する情報交換

3　組合の監事と子会社等の監査役との個別連絡会

　　上記1の趣旨により、組合集団全体会に加えて、必要な場合は、子会社等ごとの個別連絡会を開催し、子会社等の監査役との緊密な連係を図る。

第4章
監査方針及び監査計画

第1節　策定時期及び対象期間

1　監事会は、当該事業年度の監査計画の作成に先立って、当該事業年度の監査を実効的に行うために必要な監事監査の環境整備事項等（監事スタッフ、監事への報告体制、その他監事監査の実効性確保体制：第2章「監査環境の整備」参照）を理事に要請する。その上で、監査環境整備の状況を勘案して、当事業年度の監査計画を作成する。

2　監査方針・監査計画の対象期間は、監事の任期及び各監事の専門知識保有状況等が職務遂行の大きな要素となることから、新たな監事が就任する「通常総(代)会の翌日から翌年度の通常総(代)会の日まで」とする例が多い。

　なお、組合の経営計画並びに監査費用の予算等との整合性を重視して、監査方針・監査計画の対象期間を「組合の事業年度」に合わせる例もある。

3　監査方針・監査計画の策定においては、本実施要領の全項目にかかわる監事の年間活動を見通す必要があるとともに、監査計画に従った監査活動を通常総(代)会の翌日から速やかに遂行するため、前期の監査報告の提出後から通常総(代)会までの間に在任中の監事が原案を作成し、総(代)会終了後の（新メンバー監事会として期初の）監事会において、新しい監事メンバーが決定する。

　なお、監査方針・監査計画の対象期間を組合の事業年度に合わせる場合は、在任中の監事が組合の事業年度末前後に開催する期初の監事会において次期の監査方針・監査計画を決定する。この場合も、総(代)会終了後の監事会において、新しい監事メンバーによって見

直しを行う。

4　作成した監査方針・監査計画は、理事会で説明するとともに、代
　　表理事との定期的会合において内容を説明する。

5　監査方針・監査計画は、期中必要が生じた場合は適宜、監事会に
　　おいて検討の上で修正する。

第2節　監査方針

1　監査方針は、経営方針・経営計画、経営環境、経営上・事業運営
　　上のリスク、内部統制システム整備の基本方針に係る理事会決議の
　　状況及び内部統制システムの構築・運用状況等を考慮し、組合不祥
　　事を発生させない予防監査、そのためのリスク管理体制、コンプラ
　　イアンス体制等の整備等、ガバナンス体制の確立に向けた監査活動
　　の基本となる方針を策定する。

第3節　監査計画

1　監査計画は、監査方針に基づいて、監査対象、監査の方法、実施
　　時期を適切に選定し、作成する。

　　(1) 経常監査項目のほか、重点監査項目を定め、計画を作成する。

　　(2) 重点監査項目には、次のような項目を選定する。

　　　① 経営方針・経営計画の遂行状況

　　　② 前期の監査結果等を考慮し、想定される経営上・事業運営上
　　　　のリスクのうち、不祥事等の組合に著しい損害を及ぼす事実の
　　　　発生の未然防止ないし損害拡大の防止のための内部統制システ
　　　　ムの構築・運用を含む組合の対応状況

　　　③ リスク管理体制・コンプライアンス体制の整備等の個別内部
　　　　統制システム及びその内容を構成する項目の中で監査上のリス
　　　　クが大きいと想定される項目

2　監査対象、実施時期等については、公認会計士等の監査計画及び
　　内部監査部門等の監査計画との関係を考慮するとともに、主要な監

査対象は毎年監査し、その他の監査対象も数年内に一巡して、監査の空白・聖域が生じることのないように策定する。

第4節　監事の職務の分担

1　監事は、各々が理事の職務執行を監査することを職責とし、各監事の権限の行使を妨げられない独任制であるが、限られた員数で監査の実効性の確保を図るためには、組織的・効率的な監査を実施する必要がある。

　このためには、監事会において監査計画に基づき、各監事の経験・知識、組合員・有識者別、常勤・非常勤別等を考慮して各監事の職務の分担を定めて、監査を実施することが有効である。

　[職務の分担例]

①　職能別分担（総務、会計、法務、商品・営業、生産・研究、開発等）

②　個別内部統制システム・テーマ別分担（法令等遵守、情報管理、環境安全等）

③　事業部門別分担

④　地域別分担

⑤　子会社等別分担

2　各監事は、職責上から、自身の分担外の監査事項に関する情報も必要とするので、職務を分担した場合は、各監事の監査の実施状況とその結果や把握した情報について、監査調書の作成及び監事会・監事連絡会等を活用して、相互に報告し合い、情報の共有化を図る。

第5節　監査実施スケジュール

1　各監事は、監査計画及び監査業務の分担に基づいて、自身の具体的な監査実施スケジュールを作成し、監事会において他の監事と調整の上、監事会としての監査実施スケジュールを作成する。

2　監査実施スケジュールには、理事会その他の監事が出席すべき重

要な会議等の予定日程を織り込むとともに、内部監査部門等や公認
会計士等の監査への同行・立会いなどの連係も考慮するが、監査活
動を円滑に遂行するため、計画作成時には月別の監査実施予定を作
成し、各月の細目の監査実施日程はその都度設定する。

第6節　監査費用の予算等

1　監事会は、職務遂行上必要な費用について、検討の上で年度予算
　を作成、計上する。
2　すでに期初に作成、計上している年度予算について、通常総（代）
　会終了後の監事会において追認する方法もある。
3　監査費用の支出にあたっては、監事はその効率性及び適正性に留
　意しなければならない。

第5章
公認会計士等との連係

　本章は、「公認会計士監査規約」を設定して任意に「公認会計士等」（公認会計士又は監査法人をいう。以下同じ）の監査を実施する組合を対象とする。「公認会計士監査規約」及び本章に記載した公認会計士等による監査（以下「公認会計士監査」という）の内容は、法定監査である会計監査人監査とほぼ同等レベルの内容となっている。

　負債総額50億円以上の組合は決算関係書類及びその附属明細書の開示に大きな社会的責任を有している上、適用される会計基準も複雑であるため、専門家である公認会計士等の監査を受ける必要がある。未設置の組合については設置を検討する必要がある。

第1節　公認会計士等の選任・解任・再任・不再任

第1項　監事の同意等

1　公認会計士等は、監事の過半数の同意を得て、総(代)会の決議によって選任する。

　　公認会計士等が任期途中において欠けたときは、理事は監事の過半数の同意を得て、一時公認会計士等の職務を行う者を選任する。この場合、理事は、次に開催される総(代)会において、公認会計士等の選任の手続を行わなければならない。

2　公認会計士等は、いつでも総(代)会の決議によって解任することができる。

　　公認会計士等の義務違反・職務懈怠・ふさわしくない非行、心身の故障により職務執行に支障があり又は堪えない場合は、監事は全員の同意により公認会計士等を解任することができる。（解任の意思決定の方法は、監事会の開催を必要とせず書面等により行うことができる。監事全員が出席可能な場合は、監事会を開催して全員の

同意を得る）

3　理事が、公認会計士等の選任に関する議案を総(代)会に提出し、あるいは解任又は再任しないことを総(代)会の目的とする場合には、監事の過半数の同意を得なければならない。

4　監事は、公認会計士等の選任・解任・不再任に係る総(代)会議案に関する理事からの提案については、理事会が総(代)会議案を決定する前に監事会を開催し、監事会の決定内容を理事に回答できるだけの時間の余裕をもって、書面で行われるよう、理事と協議する。

5　監事は、監事会での決定に基づき、理事に対し公認会計士等の選任に関する議案を総(代)会へ提出することを請求し、あるいは公認会計士等の選任又は解任若しくは再任しないことを総(代)会の目的とすることを請求することができる。

第2項　公認会計士等の再任

1　公認会計士等の任期は、選任後1年以内に終了する事業年度のうち、最終のものに関する通常総(代)会の終了の時までとなっているが、その総(代)会において別段の決議がなされなかったときは、その総(代)会において再任されたものとみなされる。

　　監事会は、公認会計士等の任期が1年であることを踏まえ、次の第3項に記載の解任又は不再任に係る理事からの提案がない場合でも、毎期、公認会計士等の再任の適否について決定する。

2　監事会は、公認会計士等の再任の適否の決定にあたり、以下の結果等を踏まえて検討する。

　①　現任の公認会計士等が、独立の立場を保持し職業専門家としての適切な監査を実施しているか、監事との定期的会合その他の連係を通じて監事が監視・検証した結果

　②　公認会計士等の監査計画策定時又は会計監査報告に際して特定監事に対して通知される「会計監査人の職務の遂行に関する事項」（生協法施行規則第139条に準じて）について、必要に応じて監

事が公認会計士等に説明を求めた結果

これらの検討にあたっては、以下の点に着目する。

  イ）公認会計士又は監査法人の概要（氏名・名称、所在場所、沿革・略歴等）

  ロ）欠格事由の有無

  ハ）公認会計士等の独立性に関する事項その他職務の遂行に関する事項（生協法施行規則第139条に掲げる事項）

  ニ）日本公認会計士協会による品質管理レビュー結果[注]

  ホ）ローテーション等の体制

  ヘ）公認会計士等の内部管理体制

  ト）当該年度の公認会計士等の監査体制

  チ）監査契約の内容（監査報酬を含む）及び非監査報酬の額

  [注]　品質管理レビューとは、公認会計士等が行う監査の品質管理の状況をレビューする制度であり、公認会計士協会による自主規制として行われている。公認会計士等から提出を受け、監査品質に関する判断の参考とする。

3　理事、監事会とも公認会計士等の再任について異議がない場合は、監事会における再任に関する決定内容を監事会議事録に記録するのみで、その他の特段の手続は不要であるが、再任に関する監事の同意書を理事に提出することもある。

4　監事会において検討の結果、現任の公認会計士等を再任しないこととする場合は、次の第3項の3の手続に移行する。

第3項　公認会計士等の解任又は不再任

1　監事会は、公認会計士等の解任又は不再任に関する理事からの提案を受けた場合は、理事が解任等を求める事由及びそれに対する公認会計士等の意見について、双方に説明を求め、公認会計士等の資質、監査チーム体制、会計処理をめぐる意見の相違等の解任又は不再任の事由を客観的かつ具体的に把握の上、同意の可否について決

定する。

2　監事会は、公認会計士等の解任又は不再任に関する理事からの提案についての同意の可否を理事に書面で回答する。

3　監事会が公認会計士等の解任又は不再任を総（代）会の目的とすることを理事に請求する場合は、書面によって請求する。

4　上記2又は3の後は、第4項4以降の手続に移行する。

5　公認会計士等の義務違反・職務懈怠・ふさわしくない非行、心身の故障により職務執行に支障があり又は堪えない場合は、監事全員の同意により公認会計士等を解任することができる。

　　この場合は、監事の互選により定めた監事が、解任後最初に招集される総（代）会に、解任の旨とその理由を報告する。

　　なお、期中での監事による解任により、公認会計士等が欠ける場合は、次の第5項の一時公認会計士等の選任手続が併行して必要となる。

第4項　公認会計士等の選任

1　監事会は、新たな公認会計士等の選任に関する理事からの提案を受けた場合は、次の事項を把握し、公認会計士等候補者の独立性をはじめとする職業的専門家としての適格性、信頼性を確認の上、同意の可否について決定する。

①　公認会計士又は監査法人の概要（氏名・名称、所在場所、沿革・略歴等）

②　欠格事由の有無

③　選任の経緯

④　公認会計士等の職務遂行の適正確保体制

　　公認会計士等の独立性に関する事項その他会計監査業務実施の際の品質管理・監査法人内部での審査の体制などの品質管理について、監査に関する品質管理基準等に従った整備等、公認会計士等の職務の遂行が適正に行われることを確保するための体制に関

する事項の確認

⑤　公認会計士協会による品質管理レビュー結果［本節第2項2②
ニ）の注を参照］

⑥　監査法人の場合、監査チーム体制、職務を行うべき社員の経歴
（監査責任者及び監査従事者）及びローテーションのルール

⑦　監査契約の内容、監査報酬及び非監査報酬の金額（同時提供が
禁止されている非監査業務の委託契約がないかについても確認）

2　監事会は、公認会計士等の選任議案に関する理事からの提案につ
いての同意の可否を理事に書面で回答する。

3　監事会が公認会計士等の選任議案の総(代)会提出を理事に請求す
る場合は、書面で請求する。

4　監事は、総(代)会に提出する公認会計士等の選任・解任・不再任
の議案が、理事会において適正に決議されることを確認する。

5　監事は、公認会計士等の選任・解任・不再任の議案に関し、総(代)
会議案書等に必要な記載事項が適正に記載されているか確認する。

6　監事は、総(代)会において公認会計士等の選任・解任・不再任の
議案が適正に決議されることを確認する。

7　監事が公認会計士等を解任した場合は、監事の互選により定めた
監事が、解任後最初に招集される総(代)会に、解任の旨とその理由
を報告する。

8　公認会計士等は、公認会計士等の選任・解任・不再任・辞任につ
いて総(代)会に出席して、意見を述べることができる。

公認会計士等を辞任し又は解任された者は、辞任又は解任後最初
に招集される総(代)会に出席して、辞任した旨及びその理由又は解
任についての意見を述べることができる。

第5項　一時公認会計士等の選任

1　公認会計士等が任期途中に欠けた場合において、遅滞無く後任者
が選任されないときは、監事の過半数の同意により、一時公認会計

士等の職務を行う者を選任する。

　「遅滞なく後任者が選任されないとき」とは、決算期の到来直前に公認会計士等が欠けた場合のように総(代)会までの会計監査業務に支障を来たす場合や、総(代)会直後に公認会計士等が欠けた場合で近く臨時総(代)会の開催予定が無い場合等、総(代)会における公認会計士等の選任を待てない場合を指す。

2　一時公認会計士等を選任した場合は、その後の最初の総(代)会で新しい公認会計士等を選任しなければならない。

　一時公認会計士等を新しい公認会計士等として選任することもできる。

第2節　公認会計士等の報酬等決定の同意

1　理事が、公認会計士等（又は一時公認会計士等）の報酬等を定める場合には、監事の過半数の同意が必要である。

2　同意の内容

　(1)　監事の同意の対象となる「公認会計士等の報酬等」とは、公認会計士監査規約等による決算関係書類及びその附属明細書の監査に係る報酬をいう。

　　非監査業務に係る報酬等は、「公認会計士等の報酬等」に該当しないので、監事の同意の対象外である。

　(2)　子会社が、単独に公認会計士等に監査を依頼している場合の当該子会社の「公認会計士等の報酬等」は、当該子会社の監査役の同意の対象となり、組合の監事の同意の対象ではない。

3　監事会は、理事から提示された公認会計士等の報酬等について、監査契約の内容を確認するとともに、必要に応じて理事又は公認会計士等から報酬等の算定根拠についての説明を求める。

　また、公認会計士等から監査方針・監査計画の説明を受け、公認会計士等が独立性を保持し、組合の監査環境及び内部統制システムの状況等に対するリスクの評価等に応じた適切な監査体制及び監査

計画のもとでの会計監査を遂行するに過小でも過大でもないふさわしい報酬であるか（過小で公認会計士等がリスクに対応した十分な監査を実施できないことはないか、また、過大で独立性を損なうことはないか等）検討する。

4　公認会計士等の報酬については、公認会計士等の選任時に同時に決定し契約されることが多いと想定されるが、契約更新や報酬改訂時期が総（代）会開催時期と異なる場合は当該時期に合わせ、また公認会計士等の監査計画による監査活動の状況が判断しうる時期などの適時の監事会において検討する。

5　監事会は、前記3の報酬等の同意の可否を理事に書面で回答する。

第3節　公認会計士等との連係及び会合

第1項　公認会計士等と監事の関係

1　公認会計士監査規約により、公認会計士等は、組合の決算関係書類（貸借対照表、損益計算書及び剰余金処分案又は損失処理案）及びその附属明細書を監査し、会計監査報告を作成、その内容を特定監事及び特定理事に通知し、その中で監査の方法と結果としての監査意見を表明することが義務付けられている。

監事は、自身が決算関係書類及びその附属明細書の適正性を監査するに際し、公認会計士等の監査の方法と結果の相当性を判断し、参考とする関係にある。

2　公認会計士等が行う決算関係書類及びその附属明細書の監査に際しては、重要な虚偽表示をもたらすリスクの可能性等を考慮し、公認会計士等によって当該書類の適正な作成のための内部統制（決算報告に係る内部統制）等の検証・評価が行われる。

したがって監事が公認会計士等の監査の方法と結果の相当性を判断する際には、公認会計士等が組合の決算報告に係る内部統制等を検証し、それによる重要な虚偽表示のリスク等を勘案した適切な監査計画に基づく監査の方法を実施し、その結果の意見表明を適切に

行っているかといった観点を含めて相当性を判断することになる。

3　監事は決算関係書類及びその附属明細書の監査を実施するにあたって、次の４に記載のとおり、監事自らも適切な方法で決算関係書類及びその附属明細書が組合の状況を適正に表示しているか否かを検証し、公認会計士等の監査の方法と結果の報告と照合して、その相当性を判断する。

　　したがって監事は決算関係書類及びその附属明細書の監査を実施することによって、決算報告に係る内部統制についての理事の職務執行に関する監事監査を実施していることになる。

4　監事が公認会計士等の監査の方法と結果の相当性を判断するにあたっては、監事自らも適切な方法で決算関係書類及びその附属明細書が組合の状況を適正に表示しているか否かを検証し、公認会計士等の会計監査報告と照合し、監事自身が持つ見解と一致する場合に、公認会計士等の監査結果を相当と判断することになる。したがって、監事は、公認会計士等の監査の方法と結果の相当性について判断できるだけの監査を自ら適切な方法で実施する。

5　監事は、その職務を行うため必要があるときは、公認会計士等に対し、監査に関する報告を求めることができる。公認会計士等は、その職務を行うに際して理事の職務の執行に関し不正の行為又は法令・定款に違反する重大な事実があることを発見したときは、遅滞なく、これを監事に報告しなければならない。

6　監事は、公認会計士等の監査の方法と結果の相当性を判断するために公認会計士等から必要な情報提供と説明を求めるとともに、監事と公認会計士等双方の監査業務の品質向上及び効率を高めるため、次の第２項以降に示したような連係・会合を通じて、情報・意見の交換及び協議を行う。公認会計士等との会合には、非常勤監事を含め監事全員の出席が望ましい。

第2項　公認会計士等の職務を行うべき者（業務執行社員）若しくは監事の交代時

1　公認会計士等の職務を行うべき者が交代する場合、その経緯について公認会計士等に説明を求める。

2　監事が交代する場合、最近の監事監査の要点や各監事の職務分担などの監査体制について公認会計士等に説明する。（監事が退任し、その補充がない場合も同様）

第3項　監査計画策定時

1　監事は、公認会計士等が新年度の監査に入る前に公認会計士等の「監査計画概要書」を受領する。

2　監事は、公認会計士等の監査計画概要書の受領にあたり、次の事項について公認会計士等と情報・意見の交換及び協議を行う。

①　公認会計士等の職務遂行の適正確保体制

公認会計士等の独立性に関する事項その他会計監査業務実施の際の品質管理・監査法人内部での審査の体制などの品質管理について、監査に関する品質管理基準等に従った整備等、公認会計士等の職務の遂行が適正に行われることを確保するための体制に関する事項

・　本事項は、法令上は「会計監査報告の内容の通知に際して」公認会計士等から特定監事に通知されることとなっているが、監事が公認会計士等の監査の相当性を判断するためには公認会計士等の監査の開始時に承知しておくべき事項であるので、実務上は、公認会計士等の監査計画策定時に合わせて本事項について説明を求め、その内容を確認する。

なお、この通知は、すべての監事が当該事項を知っており、かつ、監査法人の品質管理に関する規則に重要な変更がない場合は通知が省略されることがあるとされているので、この場合は、改めて通知を受領する必要はなく、既に受領した通知内容

に変更がないかについて確認する。

②　前期からの会計及び監査上の懸案事項並びに内部統制上の問題点

③　経営環境に関する事項

④　監査上の重要事項、重点監査項目

⑤　内部統制の評価の方法及び実施時期

⑥　重要な実証手続の内容及び実施時期

⑦　新たな会計基準の適用についての情報

⑧　重要な会計方針や会計処理に関する事項

⑨　公認会計士等の監査体制、往査先（事業所・子会社等）、往査時期、監査日数、監査従事者数

⑩　監事監査計画の概要

⑪　「その他の記載内容」を構成する文書並びにその発行方法及び発行時期の予定(注)

⑫　その他必要に応じ、前記第2項に記載の事項及び以下の事項

　イ）公認会計士等との監査契約の内容、監査報酬及び非監査報酬の金額

　ロ）公認会計士等から監事への報告事項や情報提供の範囲

　ハ）監事から公認会計士等への情報提供の範囲

　ニ）監査業務の局面に応じた対応方法

　など

　(注)　「その他の記載内容」とは、年次報告書のうち財務諸表と監査報告書とを除いた部分の記載内容を指す（通常、生協では事業報告書及びその附属明細書がこれにあたる）。公認会計士等は「その他の記載内容」を通読し、「財務諸表」（通常、生協では決算関係書類［剰余金処分案又は損失処理案を除く］及びその附属明細書がこれにあたる）や監査の過程で得た知識に照らして重要な差異がないかを検討して、差異がある場合は代表理事に対する修正要請や監事とのコミュニケーションを含めた一

定の対応を義務付けられている。公認会計士等は、経営者との間で決算時に作成する諸文書の発行予定を確認する必要があるが、監事との間でも監査計画の段階で協議することが想定されており、監事としても諸文書の作成・入手時期や監査報告の提出時期に関するスケジュール調整は重要な意義を有する。

第4項　期中

1　監事は、必要に応じて公認会計士等の往査及びその際の監査講評に立ち会うほか、公認会計士等に対し監査の実施経過について、適宜報告を求める。

　　公認会計士等の往査については、その往査の実施状況報告書等の資料を閲覧し、又は報告を受け、指摘事項及びその指摘事項に対する組合の対応について把握する。

2　決算報告に係る内部統制、会計システムなどについて調査が実施された場合は、その実施経過について報告を求める。

3　監事は、組合及び組合集団の経営環境の変化その他監事監査において把握した事実等について公認会計士等の監査に必要な範囲内で適時に公認会計士等に情報を提供する。

4　監事又は監事会は、公認会計士等から理事の職務執行に関し不正の行為又は法令・定款に違反する重大な事実がある旨の報告を受けた場合は、監事会において審議の上、必要な調査を行い、理事（代表理事を含む）及び職員に対して助言・勧告を行う等、状況に応じて必要な措置を講じる。公認会計士等から、「その他の記載内容」の重要な誤りについて代表理事が修正に応じない旨の報告を受けた場合も同様である（本節第3項2⑪の注を参照）。

第5項　期末監査時

1　監事は、公認会計士等から会計監査報告の通知を受けるとともに、監査の方法及び結果の概要に関する説明書等の資料を受領し、次の

事項について公認会計士等と情報・意見の交換及び協議を行う。

① 公認会計士等による監査実施状況

② 公認会計士等の会計監査報告の記載内容

　監査意見、不正・誤謬・違法行為・内部統制の不備等、重要性のない未修正の事項等とそれについての監査人の判断、重要な後発事象の内容と決算への影響、追記情報に関する事項

③ 「公認会計士等の職務遂行の適正確保体制」の通知内容等（本節第3項2①参照）

④ 公認会計士等の意見表明に係る審査の状況及び結果

⑤ 「その他の記載内容」についての公認会計士等の通読及び検討の結果（本節第3項2⑪の注を参照）

⑥ 監事監査の実施状況及び会計監査の参考となる情報

第4節　公認会計士等の監査の相当性判断

　監事は、本章における公認会計士等との連係を通じ、次の事項を確認・検討し、公認会計士等の監査の方法及び結果の相当性を判断する。

第1項　基本事項の確認

1　監査契約は適正に締結されているか。

2　公認会計士等の独立性は確保されているか。

3　会計監査職務遂行の適正性確保の体制について公認会計士等から報告され、その体制は監査品質管理基準等に従って整備している旨の説明を受けているか（この報告に関する監査法人からの通知は、すべての監事が前年と同一で当該事項を知っており、かつ、監査法人の品質管理に関する規則に重要な変更がない場合は、毎期の通知が省略されることがある。監事は、必要に応じて「公認会計士等の職務遂行の適正確保体制」の通知の内容について公認会計士等から説明を求める）。

第2項　監査の方法の相当性の検討

1　公認会計士等の監査計画についての内容聴取と検討

　①　公認会計士等の監査計画は、会計監査基準並びに日本公認会計士協会の指針に沿っているか。

　②　組合及び子会社等から成る組合集団の監査環境及び内部統制システムの状況等に対するリスクの評価等に応じた適切な監査方針、監査重点項目が織り込まれ、これに対応できる監査体制を確保した内容となっているか。

2　公認会計士等の監査が計画どおり実施されていることの確認（公認会計士等の監査への立会い、往査の実施状況報告書・監査の方法及び結果の概要に関する説明書等の閲覧、報告聴取等により）

　①　組合の経営トップや経理部門等の非協力等、監査を妨げるものはないか。

　②　公認会計士等が職業的専門家としての注意を払い、手抜きせずに、計画に従い、監査手続のフローに沿って監査を実施しているか。

第3項　監査の結果の相当性の検討

1　公認会計士等の監査報告、監査の方法及び結果の概要に関する説明書及び「公認会計士等の職務遂行の適正確保体制」の通知についての内容聴取と検討

　①　監事が掌握している事実、月次貸借対照表・損益計算書、経営実態についての認識並びに監事が実施した決算関係書類及びその附属明細書の監査結果と公認会計士等の監査の結果との間で評価の異なる重要な問題はないか。

2　監事が公認会計士等の監査の結果の相当性を判断するにあたっては、監事自らも適切な方法で決算関係書類及びその附属明細書が組合の状況を適正に表示しているか否かを検証し、公認会計士等の監査報告と照合し、監事自身が持つ見解と公認会計士等の監査結果が

一致する場合に、公認会計士等の監査の結果を相当と判断すること
になる。したがって、監事は、公認会計士等の監査の方法と結果の
相当性について判断できるだけの監査を自ら適切な方法で実施す
る。

①　理事が構築する決算報告に係る内部統制について、経理部門、
内部監査部門等からの十分な説明聴取

②　月次貸借対照表・損益計算書による損益状況、異常値の原因、
資産の変動等の把握、費用の分析、その他経営動向の把握（理事
に対して不正な決算報告への動機や圧力となるリスクなどの統制
環境の把握も含む）

③　決算関係書類及びその附属明細書について、経理部門から十分
な説明を受ける。

④　会計方針、貸借対照表・損益計算書の科目・数値、注記事項、
附属明細書、特別損益、税効果会計、減損会計、退職給付会計、
その他特記事項等についての内容把握

3　公認会計士等の監査の方法及び結果の相当性の判断は、監事の職
務である決算関係書類及びその附属明細書に係る監査報告の意見表
明の参考とするために行う。

監事は、公認会計士等の監査の方法及び結果を相当でないと認め
た場合には、その旨及び理由並びに自ら行った監査の方法の概要又
は結果を監事会に報告し、監事会において公認会計士等の監査の方
法及び監査の結果の相当性について意見交換した上で、監事の監査
報告の参考とすることになる。

第6章
代表理事との定期的会合

第1節　会合、協議の実施

1　監事会は、監事の職責である「理事の職務の執行の監査」と、そのための「監事監査の環境整備の要請を行う」、「監査に必要な情報についての報告を求める」ための極めて重要な場として、代表理事と定期的に会合を開催し、相互認識と信頼関係を深めるよう努める。

　　監事は、理事と積極的な意思疎通を図り、情報収集及び監査の環境整備に努めることが求められ、理事及び理事会は、監事の職務の執行のために必要な体制の整備に留意しなければならない義務が課されているが、「代表理事との定期的会合」は、これらを実現する中心の場として定期的に開催する。

2　会合のメンバーとしては、監事側の出席者は、非常勤監事を含め全員が望ましいが、常勤監事のみとすることもある。

　　理事側の出席者は、代表理事（理事長又は専務理事）のみとするか、あるいは代表理事のほかに経営管理の中心となる数名の理事との共同会合（自由な議論がなされるためには監事を含めても出席者は少数がよい）等、目的・議題等に応じて代表理事と意見交換して決定する。なお、メンバーによって、議題及びその深度等は大きく変化することに留意する。

3　代表理事との定期的会合の実施について、機が熟さない場合は、経営管理の中心となる理事との個別対話を緊密に行い、監事監査の環境整備が重要かつ必須であることを、代表理事を含む理事に理解し認識させるよう機会あるごとに努め、代表理事との定期的会合実現のための環境作りを行う。

第2節　主要議題と開催時期

1　総（代）会終了後の会合における主要議題

①　監査方針、監査計画の説明及び円滑な監査活動の保障の要請
　　監事会の監査計画等の概要を説明し、円滑に監査活動を遂行できるよう、代表理事に対し監事監査の環境整備を要請する。

②　経営方針の確認

③　代表理事をはじめ経営トップは、社会的通念に即した行動を取り、ダブルスタンダードを黙認しない、聖域を容認しないことの確認

④　経営トップに「不正をしてでも」という心理的圧力要因、動機、画策がないことの確認

⑤　組合が対処すべき課題、リスク等についての意見交換

⑥　代表理事をはじめ経営トップが、自らの職責として内部統制システムの構築・運用に努めることの要請並びに内部統制システムに係る理事会決議の内容及び決議に基づく内部統制システムの構築・運用状況についての意見交換

　　②～⑥については、理事の職務執行、善管注意義務及び理事会の監督義務の履行状況を監視するため必須のものとして把握する。

⑦　理事からの監事への報告事項についての意見交換

　　理事又は理事会が組合の業務の適正を確保するために整備する体制（内部統制システム）の中に、理事及び職員が監事に報告をするための体制その他監事への報告に関する体制が含まれる。

　　監事は、法律に定める事項（理事が組合に著しい損害を及ぼすおそれがある事実を発見したとき等）のほか、理事が監事に報告すべき事項を理事と協議して定めておき、その報告を受ける。また、監事は、必要に応じて理事及び職員等に報告を求めることができるので、その報告事項の内容、方法等についても協議する。

2　期中の会合における主要議題
　①　理事から、経営課題その他監事会への報告事項の報告
　②　監事監査実施状況とその結果についての理事への報告
　③　監事が必要あると認めたときの、理事に対する助言・勧告
　④　内部統制システムの構築・運用状況についての意見交換
　⑤　監査職務の円滑な遂行、監査の実効性確保のための監査体制（監事の員数、構成員の専門性、監事スタッフの体制等）についての意見交換
　⑥　監事監査の環境整備事項に関する理事への要請及び意見交換

3　期末監査以降、監査報告作成時から総(代)会前の会合における主要議題
　①　理事からの監事選任議案に関する説明、その他監査職務の円滑な遂行、監査の実効性確保のための監査体制（監事の員数、構成員の専門性、監事スタッフの体制等）についての意見交換
　②　監事監査の環境整備事項に関する監事から理事への要請及び意見交換
　③　組合が対処すべき課題についての理事の見解の聴取
　④　組合に著しい損害を及ぼすおそれのある事実や後発事象の有無等について、理事から報告受領
　⑤　監査報告の内容と留意点についての監事からの報告
　⑥　総(代)会における対応についての留意点等の意見交換

第7章

内部統制システムに係る監査

　本章は、内部統制システムの整備（構築・運用）を理事会において決議した組合を対象としているが、決議していない組合においても、各組合の統制環境に応じて該当する事項を適用する。

第1節　生協における内部統制整備の考え方

第1項　日本生協連理事会の提起

　生協法には、内部統制の構築を直接義務付ける明文規定はないが、理事の職務執行には善管注意義務の履行が義務付けられており、内部統制システムの整備（構築・運用）は、理事の善管注意義務であるとされているので、内部統制システムの構築・運用は理事の法的義務として位置付けられている。

　したがって日本生協連は、全国の会員組合で「業務全般の適正性の確保」を目的とした内部統制システム整備に取り組むこと、一定規模以上の組合では「決算報告の適正性の確保」の観点で内部統制システムのさらなる整備に取り組むことを理事会で決定した。

1　「業務全般の適正性の確保」の内部統制システムとは以下の①～⑥について理事会決議に基づいて整備される体制（以下、内部統制システムという）を指す。

　① 理事及び職員等の職務の執行が法令及び定款に適合することを確保するための体制（以下、法令等遵守体制という）

　② 理事の職務の執行に係る情報の保存及び管理に関する体制（以下、情報の保存管理体制という）

　③ 損失の危険の管理に関する規程その他の体制（以下、損失の危険管理体制という）

　④ 理事の職務の執行が効率的に行われることを確保するための体

制（以下、職務の効率性の確保体制という）

⑤　組合集団における業務の適正を確保するための体制（以下、組合集団の管理体制という）

⑥　監事スタッフに係る事項及び監事への報告体制その他監事監査の実効性を確保するための体制（以下、監事監査の環境整備という）

2　内部統制システムの構築・運用は理事の職務執行の一部であり、善管注意義務に含まれるものであるので、その構築・運用の基本方針は理事会で決議しなければならず、各理事にその決定を委任することはできない。

代表理事等は、決議された基本方針等を現実に実践し、その運用状況をモニタリングするが、その結果、決議内容の見直しが必要な場合、あるいは監事監査に基づく監事からの指摘又は助言・勧告によって決議内容の見直しが必要な場合には、適宜、内部統制システムの基本方針等の見直しの理事会決議を行う。

3　この基本方針の決議を行った組合は、見直し決議を含め事業年度末までの基本方針の決議の内容の概要について毎期の事業報告書で開示する。（当該事業年度中に新たな決議がない場合は、過年度の決議で、当該事業年度末時点に維持されている決議内容を開示する）

4　「決算報告の適正性の確保」の内部統制とは決算関係書類及び事業報告書並びにこれらの附属明細書（以下、第7章において「決算報告」という）の適正性、信頼性を確保するための内部統制システムの構築・運用である。

決算報告は組合の最も重要な開示情報である。その適正性の確保には決算報告の作成プロセスの適正な管理が求められる。整備するべき具体的な内容は法令等遵守体制（法定書類である決算報告を適正に作成するための整備）、情報の保存管理体制（決算に係る情報を適正に管理するための整備）、損失の危険管理体制（決算報告の誤謬や虚偽記載を未然に防止するための整備）にも含まれる。

したがって「決算報告の適正性の確保」の内部統制システムも「業務全般の適正性の確保」の内部統制システムに含まれ、理事会決議に基づき一体として構築・運用されるものである。

5　日本生協連は会員組合が内部統制システムの構築・運用を図るための指針として手引書類を発行している。

「業務全般の適正性の確保」の整備には「内部統制第1ステップガイダンス（2009年6月）」「生協の健全かつ適正な業務運営を確保するための手引き（2011年9月）」、「決算報告の適正性の確保」の整備には「決算報告に係る内部統制ガイダンス（2011年3月）」を発行している。

第2項　内部統制システムにおける理事・監事の役割

どのような内部統制システムを構築・運用していくかは、個々の組合の環境や事業特性、規模等によって異なるものであり、それぞれの理事会や代表理事等が、内部統制が機能しやすいように、適切に構築・運用していく必要がある。

理事会は代表理事を選定し、その職務執行を監督する。理事会から職務執行を委任された代表理事は常勤理事・職員に権限を委譲し、その職務執行を監督する。また代表理事は内部監査部門等に対して、業務についてのモニタリングを指示し、その有効性を評価する。監事は代表理事等の職務執行状況についての監査を行い、結果を理事会、総（代）会に報告する。

1　上記の枠組に基づき、理事の職務執行の一部である内部統制システムについて理事会、代表理事等が行うべき事項を整理すると次の(1)(2)のとおりとなり、監事が行うべき監査事項は(3)のとおりとなる。

(1) 理事会の役割

① 内部統制システム（「決算報告の適正性の確保」や、監事監査の環境整備に関する事項を含む）の構築・運用の決議（見直

　　し決議を含む)

　②　内部統制システムに係る理事の職務執行の監督

(2) 代表理事等の役割

　①　理事会の決議に基づく内部統制システムの構築・運用

　②　内部統制システムに係る職務の執行状況の理事会への報告

　③　内部統制システムに係る理事会決議内容の概要の事業報告書
　　への記載

　④　監事監査の環境整備への留意

(3) 監事の役割

　①　理事会決議の内容の相当性の判断

　②　内部統制システムに係る事業報告書の記載内容の監査

　③　理事が行う内部統制システムの構築・運用状況についての監
　　査 (理事会の決議がない場合を含む)

　④　代表理事等の構築・運用に関する理事会の監督状況の監査

　⑤　必要に応じて理事会・理事に対して助言・勧告・要請

　⑥　①〜④について指摘すべき重大な欠陥(第2節第2項3参照)
　　があると認められる場合の、監査報告書への記載

2　内部統制システムは、理事会決議に基づいて構築するだけでなく、
現実に有効に運用されるべきものであり、また、理事会決議を行っ
ていない組合においても、組合の業務の適正性確保の観点から、合
理的に必要な範囲で現実に構築し運用されるべきものである。

　　したがって、理事の職務執行における善管注意義務に係る監事監
査に際しては、内部統制システムの構築・運用が組合の規模及び事
業内容等に応じて適切になされているかどうかについての監査が求
められる。

　　監事は、理事が内部統制システムを組合の規模及び事業内容等に
応じて適切に構築・運用しているかについて監視・検証し、必要に
応じて理事及び理事会に「内部統制システムの構築・運用及び改善
を行うこと」、並びに「方針の決議を行うこと」又は「その見直し

の決議を行うこと」に関して助言・勧告を行う。

第 2 節　内部統制システムに係る監査の概要

第 1 項　内部統制システムに係る監査の実施に関する基本的考え方

1　監事は、第 1 節第 2 項に記載のとおり「内部統制システムに係る理事会決議に関する監査」及び「内部統制システムの構築・運用状況に係る監査」を実施し、監査により発見した不備について代表理事等に適時に指摘し、必要に応じ代表理事等又は理事会に対する助言・勧告等を行い、これらの監査の結果に基づき、「理事会決議の内容の相当性」と「理事が行う内部統制システムの構築・運用状況における指摘すべき事項の有無」について判断し、指摘すべき重大な欠陥（第 2 項 3 参照）があると判断した場合は、監査報告において意見を表明する。

2　監事は、上記 1 の監査を実施するにあたり、内部統制システムが適正に構築・運用されていることが健全なガバナンスの確立のために必要不可欠であることを認識し、自らの責務として内部統制システムに係る理事会決議の内容及び内部統制システムの構築・運用状況を監視し検証する。

3　監事は、内部統制システムの重要性に対する代表理事その他の理事の認識及び整備に向けた取り組みの状況並びに理事会の監督の状況など、「組合内部の統制環境」を監査上の重要な着眼点として内部統制システムに係る監査を行う。

4　監事は、内部統制システムが、組合及び子会社等に想定される各種のリスクのうち、「組合に著しい損害を及ぼすおそれのあるリスクに対応しているか否か」に重点を置いて、内部統制システムに係る監査を行う。

5　監事は、内部統制の実践に向けた規程類、組織体制、情報の把握・伝達体制、モニタリング体制など「内部統制システムの構成要素が、上記 4 の重大なリスクに対応するプロセスとして有効に機能してい

るか否か」について、監視し検証する。

6　監事は、理事会及び代表理事等が適正な意思決定過程その他の適切な手続を経て各体制の整備を行っているか否かについて、監視し検証する。

7　監事は、上記 4 の想定されるリスクへの対応状況に関して、上記 5 のプロセスの機能状況についての監視・検証を実施するにあたって、監事監査の環境整備事項等の整備に努め、内部監査部門等、公認会計士等、子会社の監査役等と連係を保ちながら、代表理事との定期的会合、理事及び職員等や内部統制部門・内部監査部門等からの報告・説明聴取、理事会その他の重要会議出席、重要書類閲覧、実地調査等の通常とり得る方法で、かつ、適切と考えられる監査手続を実施する。

（具体的な監査の手続については、本章第 4 節第 3 項「監査の手続」参照）

第 2 項　内部統制システムに係る監査において監事が実施すべき事項

1　監事は、理事の職務の執行に関する監査の一環として内部統制システムに係る監査を実施する。

2　内部統制システムに係る監査において監事が実施すべき事項

①　内部統制システムの監査事項

監事は、次の事項を監査する。

イ)　内部統制システムに係る理事会決議の内容

理事会で決議された内部統制システムの内容が、組合の業務の適正を確保するためのものとして適切か。

ロ)　「内部統制システムに係る理事会決議の内容の概要」に関する事業報告書の記載内容

理事会で決議された体制が事業報告書において適切に開示されているか。

ハ)　理事が行う内部統制システムの構築・運用の状況

　　　　理事会で決議された内容を実現するための適切な構築と運用
　　　が行われているか、日常監査の一環として監査する。

　　　　これは、理事の職務執行の監査なので、理事会の決議の有無
　　　に関係なく、すべての組合の監事が実施すべき監査事項である。

　　　　組合の規模、事業の性質その他の特徴などの監査環境等に留
　　　意し、本実施要領を参考に理事の重要な職務執行に含まれる内
　　　部統制システムの構築・運用状況について必要な項目を選択の
　　　上、監査を実施する。

②　監事監査の環境整備の要請

　　　　監事は、監事監査の環境整備事項等について検討し、必要に応
　　　じて理事に要請する。

　　　　これらは、監事が監査を実効的に行うための前提条件として、
　　　主体的に整備に努めるべき事項であり、理事もこの体制の整備に
　　　留意する義務がある。上記①の監査事項にも含まれる。

③　内部統制システムに係る理事への助言・勧告

　　　　監事は、内部統制システムに係る監査によって発見した不備に
　　　関し、理事又は職員に対して適時に指摘を行い、必要に応じ理事
　　　会・理事又は職員に対し助言・勧告等を行う。

④　監査報告における意見表明

　　　　監事は、以下の場合、監査報告において意見を表明する。

　　イ）　内部統制システムに係る理事会決議の内容が相当でないと認
　　　める事由がある場合。

　　ロ）　理事が行う内部統制システムの構築・運用状況に関して指摘
　　　すべき事項がある場合。

3　本章において、「不備」、「著しい不備」及び「重大な欠陥」は次
　の意味で使用されている。

　　　　「不備」とは、構築・運用される内部統制システムの各体制が、
　組合に著しい損害を及ぼすおそれがあると想定されるリスクに対応
　していないと認める場合をいい、軽微なものも含む。監事は、不備

があると認めた場合は、理事に対して随時の指摘、改善の助言を行う。このうち、「著しい不備」と認められるものは、代表理事を含む業務執行理事（以下「代表理事等」という）又は理事会に対して助言・勧告、改善の要請等の適切な措置を講じるべきものをいう。

　「不備」又は「著しい不備」は、組合の事業内容、規模その他の組合の特性により、組合に著しい損害を及ぼすおそれがあると想定されるリスクへの対応状況に応じて、各組合ごとに判断される。

　「重大な欠陥」とは、「著しい不備」の中で、監事による助言・勧告・改善の要請等に対して、代表理事等が正当な理由なく適切な対処を行わない場合をいい、監査報告において指摘すべき事項であり、理事の善管注意義務違反にもつながるものとなる。

第3節　想定されるリスクの識別と監査実施計画の策定

1　監事会は、監査計画策定時に、次に記載した事項を含めて、当該年度に実施する内部統制システムに係る監査計画を策定する。内部統制システムに係る監査事項はその多くのものが、監事監査計画における重点監査事項に位置付けられるものと想定される。

　①　監査事項
　　イ）　内部統制システムの構築・運用にあたって想定される「リスクの識別」
　　ロ）　そのリスクに対応する内部統制のプロセスとしての機能状況を判断するための「重要な統制上の要点」の特定（本章第4節第4項以降において内部統制システムの各体制ごとに例示）
　　ハ）　実施する監査手続
　　　監事は、本章第2節第1項に記載の「内部統制システムに係る監査の実施における基本的な考え方」を踏まえて、経営方針、経営計画、経営環境、経営上・事業運営上のリスク等並びに本章第4節に記載の内部統制システムが対応すべき重大なリスク

　　の列挙を勘案して、組合集団にとって重大なリスクと識別され
　　る事項に応じて、内部統制の体制整備における重要な統制上の
　　要点を特定し、実施する監査手続を適切に選択して、計画を策
　　定する。
　②　監査の実施体制
　　①の監査事項に適合した監事間の職務分担、内部監査部門等と
　　の連係・活用等を計画する。
　③　監査先と監査日程計画
　　①の監査事項に適合した監査先と日程を計画する。

第4節　内部統制システムに係る監査

1　監査事項
　　監事は、第2節に記載のとおり、「内部統制システムに係る理事
　会決議に関する監査」及び「内部統制システムの構築・運用状況に
　係る監査」を実施し、監査によって発見した不備について代表理事
　等に適時に指摘し、必要に応じ代表理事等又は理事会に対する助
　言・勧告等を行い、実施した監査に基づいて、「理事会決議の内容
　の相当性」と「理事が行う内部統制システムの構築・運用状況にお
　ける指摘すべき事項の有無」について判断し、重大な欠陥がある場
　合は監査報告において指摘する。
2　想定されるリスクの識別、重要な統制上の要点の特定、監査手続
　の選択
　　監事は、第2節第1項に記載の「監査実施における基本的な考え
　方」を踏まえて、本節に記載した個別の内部統制システムが対応す
　べきリスクの列挙を勘案し、組合集団にとって重要なリスクと識別
　される事項に応じて、重要な統制上の要点を特定し、実施する監査
　手続を適切に選択して監査を行う。
　(1)　本節第4項以降に掲げる法令等遵守体制、損失の危険管理体制、
　　　情報の保存管理体制等の内部統制システムの各体制は第1節第1

項の区分に従っている。

(ただし、各体制において列挙したリスク、重要な統制上の要点
等の事項は、各組合の理事会決議において本項とは異なる区分の
体制の中に含められている場合がある)

(2) 本節第4項以降記載の内部統制システムの各体制において列挙
したリスクは、その体制の整備にあたって対応すべき重大なリス
クを記載しているが、列挙したリスクの他にも、組合にとって重
大な損害又は損失を及ぼすおそれのあるリスクが想定される場合
は、当該リスクを識別して監査する。

また、内部統制システムの各体制ごとに、リスクへの対応状況
を判断するための重要な統制上の要点について例示しているが、
これらの要点についても、各組合の事業内容、規模等その他組合
の特性に照らして過不足のない要点を特定する。

(3) 本節に掲げる各体制についての監査の手続は共通しているの
で、本節第3項「監査の手続」にまとめて記載している。

第1項　内部統制システムに係る理事会決議の内容

1　事業報告書に記載される内部統制システムに係る理事会決議の内
容の把握

監事は、各事業年度の内部統制システムに係る監査の開始時及び
期末の事業報告書記載事項の監査にあたり、当該各時点で維持され
ている内部統制システムに係る理事会決議の内容を把握する必要が
ある。

したがって、最初に理事会で決議された内部統制システムの基本
方針及びその後の各期における見直し決議をフォローし、最新に維
持されている理事会決議、即ち今後の見直し決議がなければ当該事
業年度の事業報告書に記載されるべき決議内容を常時把握してお
く。

監事会は、上記の把握にあたり、内部統制システム全体の構築・

運用を統括する所管部門・担当者（経営管理部、理事会事務局担当
部門等）に対し、理事会決議の各事項のフォロー状況について、次
に記載した内容の報告を求める。

①　既に構築・運用されている体制の状況

②　今後、向上させていく事項

③　課題その他現状認識

　　など

2　監事は、内部統制システムに係る理事会決議の内容について、次
の観点から監査を実施する。

①　理事会決議の内容は、内部統制システムとして本章第 1 節第 1
項に定める事項を網羅しているか

　　各事項を各々個別に決議するか、統合して決議するか、併合し
て決議するか、あるいは、1 つの決議事項についていずれの個別
体制の中で決議するか、は組合の方針に応じて適宜選択されるが、
全ての事項について、方針が決議されていることが必要である。
（つまり、組合の個性・特質に応じて、個別の内部統制システム
について、新たに具体的な体制の構築を要しないとされる場合で
も、当該体制について何も決議しないということではなく、少な
くとも現状の体制の追認・確認を内容とする方針の決議がなされ
ていることが必要である）

②　理事会決議の内容が、内部統制システム構築・運用のための規
程類、組織体制、実行計画、監視活動等に関する基本方針を含ん
でいるか。含んでいない場合にはその正当な理由があるか

③　監事監査の環境整備事項等に関する監事会の要請に対応してい
るか

④　当該理事会決議の内容について、必要な見直しが適時・適切に
行われているか

⑤　監事が内部統制システムに係る理事会決議に関して助言又は勧
告した内容が、理事会決議において適切に反映されているか。反

映されていない場合には正当な理由があるか

⑥　理事会決議の内容の概要が、事業報告書において正確かつ適切に記載されているか

第2項　理事会決議に基づく内部統制システムの構築・運用状況

1　監事は、理事会決議に基づく内部統制システムの構築・運用状況について、次に示す観点から監査を実施する。

①　内部統制システムに係る代表理事等の職務の執行について、理事会による監督は有効に行われているか

・　内部統制システムに関して理事会で決議した各事項の整備状況について、現状及び改善の進捗状況並びに内部監査部門等の内部監査結果のうち重要な事項について、定期的又は随時に、代表理事等により理事会に報告が行われ、対応が必要な事項について検討されているか

②　理事会決議に基づく内部統制システムの構築・運用を実行する体制を構築しているか

次に例示する各事項は、例えば、規程類の制定や組織の構築等すべての事項が整備されていなければ直ちに不備となるというものではなく、整備すべき体制及びその水準については、各組合の規模及び事業内容等に応じて適切に構築・運用されるべきものである。

・　内部統制システム構築・運用のための規程類の制定・改定

・　組織体制の構築・維持（内容については、次の2に記載）

・　実行計画の策定・実施

・　整備すべき事項に関しての研修・通達・連絡等を通じた組織内への周知徹底

・　内部統制システムを運用するための情報伝達体制の構築・維持

・　内部監査部門等による監視活動と、内部監査部門等により発

83

見された内部統制システムの不備及び内部統制システムの有効
性に関する評価についての報告体制の構築・運用

2　監事は、内部統制システムの構築・運用に係る組織体制について、
次の状況を確認する。

(1) 内部統制システムに係る組織体制として、主として次の 3 つの
機能について、所管する部門ないし担当者の明定の状況を確認す
る。

① 　内部統制システム整備の基本方針の起案、理事会への上程、
その見直しをはじめ全体の整備を統括する機能の所管部門・担
当者（経営管理部、理事会事務局担当部門等）

② 　法令等遵守体制、損失の危険管理体制、情報の保存管理体制
等の個別内部統制システムに係る整備を推進する機能の所管部
門・担当者（リスク管理委員会・コンプライアンス委員会及び
その事務局担当部門、安全・環境品質管理委員会及びその所管
部門、経理・財務部門等）

③ 　理事会・代表理事の指揮下にあって、かつ、業務執行部門と
は独立性をもって、内部統制システムの有効性をモニタリング
する機能の所管部門・担当者（監査部等の内部監査部門等）

(2) これらの機能の所管部門・担当者について、各々独立した組織
か、機能を兼任する組織か、専任者配置か、兼任担当者任命かに
ついては組合の規模、事業内容、リスク認識等に応じて選択され
る。

(3) 監事が内部統制システムの構築・運用状況を監査する際に、上
記 (1) の機能、特に③内部統制システムの有効性のチェック・
モニタリングの機能を担う内部監査部門等が有効に機能している
かは、重要な監査事項となる。

内部監査部門等の業務執行からの独立性、陣容・情報収集権限
の状況等の諸事情を総合的に勘案して、内部監査部門等が十分に
機能していないと認められる場合には、内部統制システムの不備

として、代表理事等、内部監査部門等又は内部統制部門に対して適時に指摘を行い、必要に応じ代表理事等又は理事会に対して助言・勧告その他の適切な措置を講じる。

　内部監査部門等が有効に機能することは、監事の監査リスクを軽減することから、監事と内部監査部門等とは、具体的な監査遂行の際に連係・補完関係となる。

第3項　監査の手続

　監事は、監査計画に従い、次のような監査手続により、本節に記載の各体制ごとの内部統制システムに係る監査を実施する。

1　監事は、理事会、コンプライアンス委員会、リスク管理委員会その他関連する会議又は委員会等（以下「会議等」という）への出席及び代表理事等との定期的会合等を通じて、内部統制システムの各体制の構築・運用状況とそれに対する理事（組合員理事、員外理事・有識者理事を含む）の認識について把握し、必要に応じ各体制の構築・運用状況等について代表理事等から報告を求める。

2　監事は、内部監査部門等に対して、内部監査計画その他モニタリングの実践計画及びその実施状況について、定期的かつ随時に報告を求める。監事は、内部監査部門等から、本節において例示した各体制の重大なリスクへの対応状況その他各体制の整備状況に関する事項について定期的に報告を受け、必要に応じ、内部監査部門等が行う調査等への監事（若しくは監事スタッフ）の立会い・同席を求め、又は内部監査部門等に対して追加調査等とその結果の監事への報告を求める。

3　監事は、上記2の内部監査部門等との連係を通じて、内部監査部門等が各体制の構築・運用状況を継続的に検討・評価し、それを踏まえて代表理事等が必要な改善を実施しているか否かなど、内部統制のモニタリング機能の実効性について監視し検証する。

4　監事は、内部監査部門等との連係のほか、内部統制部門（コンプ

ライアンス所管部門、リスク管理所管部門、経理・財務部門その他
内部統制機能を所管する部署をいう）に対して、内部統制システム
の各体制の構築・運用状況及び各体制の実効性に影響を及ぼす重要
な事象について、それに対する対応状況を含め定期的かつ随時に報
告を受け、必要に応じて説明を求める。

5　監事は、公認会計士等との定期的会合等を通じて、公認会計士等
が決算関係書類監査の過程で実施する決算報告に係る内部統制の検
証・評価等について把握し、必要に応じて報告を求める。

6　監事は、以上の方法のほか、本実施要領第8章に記載の報告聴取、
重要書類閲覧、実地調査等の日常監査を通じて、本節に例示した各
体制ごとの重要なリスクへの対応状況について監視し検証する。

第4項　法令等遵守体制

理事等が関与して意図的に行われる法令・定款違反では、内部統制
システムが無効化し、内部監査も機能しない可能性が高まることから、
監事こそが日常的に理事等の動向を監視し、不祥事の発生を防止する
役割を果たしうるものであるが、理事等が関与した隠蔽・偽造等の場
合は、監事にとっても発見の可能性は低下すると考えられる。

これに対し、理事をも対象として、理事によって無効化され難い内
部統制システムを構築し適正に運用する場合には、職員に対してのみ
でなく理事の職務執行の適正確保にも有効となり得る。具体的には理
事会の適正な運営をはじめ代表理事の意思決定において独断専行がで
きない仕組みや、代表理事でも自己以外の複数の業務執行権限者の承
認を受けなければ重要な契約の締結や多額の金銭の支出ができない仕
組み等の構築が考えられる。そこで、理事と職員とに共通する内部統
制システムを想定して、本項では、併せて記載している。

1　リスクの識別

監事は、法令等遵守体制について、次に列挙する重大なリスクに
対応しているか否かを監査上の重要な着眼点として、監視し検証す

る。

(1) 代表理事等が主導又は関与して法令等違反行為が行われるリスク

　　利益供与、贈収賄、監督省庁等への報告義務違反、利益相反取引、業務上横領、各種の業法違反等

(2) 組合の法令等遵守の状況が代表理事等において適時かつ適切に把握されていない結果、法令等違反行為が組織的に又は反復継続して行われるリスク

(3) 代表理事等において把握された組合に著しい損害を及ぼすおそれのある法令等違反行為が、対外的に報告又は公表すべきにもかかわらず隠蔽されるリスク

2　重要な統制上の要点

　　監事は、法令等遵守体制が上記1に定めるリスクに対応しているか否かについて、次の事項を含む重要な統制上の要点を特定の上、判断する。(ただし、次に掲げる事項は例示であり、各組合の事業内容、規模等その他の組合の特性に照らして過不足のない重要な要点に絞るものとする。以下の各体制についても同じ)

(1) 代表理事等が、組合の経営において法令等遵守及びその実効的体制の整備が必要不可欠であることを認識しているか

(2) 理事会その他重要な会議等における意思決定及び個別の業務執行において、法務担当及び弁護士等外部専門家に対して法令等遵守に関する事項を適時かつ適切に相談する体制など、法令等を遵守した意思決定及び業務執行がなされることを確保する体制が整備されているか。理事会その他重要な会議等において、収益確保等を法令等遵守に優先させる意思決定が現に行われていないか

(3) 法令等遵守に係る基本方針・行動基準等が定められ、事業活動等に関連した重要法令の内容が役職員に周知徹底されているか

(4) 法令等遵守の状況を監視するモニタリング部門が存在し、組合の法令等遵守に係る問題点が発見され、改善措置がとられている

か。法令等違反に関する処分規程が整備され、それに従った適切な措置がとられているか

(5) 法令等遵守体制の実効性に重要な影響を及ぼしうる事項について、理事会及び監事に対して定期的に報告が行われる体制が整備されているか。内部統制部門が懸念をもった取引・活動について内部監査部門等又は監事に対して適時かつ適切に伝達される体制が整備されているか。内部通報システムなど法令等遵守に関する状況が業務執行ラインから独立して把握されるシステムが整備されているか

第5項　損失の危険管理体制

1　リスクの識別

監事は、損失の危険管理体制について、次に列挙する重大なリスクに対応しているか否かを監査上の重要な着眼点として、監視し検証する。

(1) 損失の危険の適正な管理に必要な諸要因の事前の識別・分析・評価・対応に重大な漏れがあった結果、組合に著しい損害が生じるリスク

(2) 組合に著しい損害を及ぼすおそれのある事業活動が正当な理由なく継続されるリスク

(3) 組合に著しい損害を及ぼす事故その他の事象が現に発生した場合に、適切な対応体制が整備されていない結果、損害が拡大しあるいは事業が継続できなくなるリスク

2　重要な統制上の要点

監事は、損失の危険管理体制が上記1に定めるリスクに対応しているか否かについて、次の事項を含む重要な統制上の要点を特定の上、判断する。

(1) 代表理事等が、組合の経営において損失危険管理及びその実効的体制の整備が必要不可欠であることを認識しているか

(2) 組合に著しい損害を及ぼすおそれのある事象への対応について、理事会その他重要な会議等において、十分な情報を踏まえたリスク分析を経た議論が現になされているか

(3) 代表理事等が、組合の事業内容ごとに、信用・ブランドの毀損その他組合の存続にかかわるリスクを認識しているか。当該リスクの発生可能性及びリスク発生時の損害の大きさに関する適正な評価を行っているか。他の組合における事故事例の把握、安全・環境に対する社会的価値観の変化、法的規制その他経営環境及びリスク要因の変化が認識され、それに対して適時かつ適切に対応する体制が整備されているか

(4) 当該事業年度において重点的に取り組むべきリスク対応計画を策定しているか。当該計画の実行状況が定期的にレビューされる仕組みが整備されているか

(5) 各種リスクに関する識別・分析・評価・対応のあり方を規定した管理規程が整備されているか。定められた規程及び職務分掌に従った業務が実施されているか。損失危険管理の状況を監視するモニタリング部門が存在し、組合の損失危険管理に係る問題点が発見され、改善措置がとられているか

(6) 組合に著しい損害を及ぼすおそれのある事業活動の継続に関し、適時かつ適切な検討が行われており、正当な理由なく放置されていないか

(7) 損失の危険管理体制の実効性に重要な影響を及ぼしうる事項について、理事会及び監事に対して定期的に報告が行われる体制が整備されているか。内部通報システムなど損失危険管理に関する状況が業務執行ラインから独立して把握されるシステムが整備されているか

(8) 組合に著しい損害又は損失を及ぼす事態が現に生じた場合を想定し、損害を最小限にとどめるために、代表理事等を構成員とする対策本部の設置、緊急時の連絡網その他の情報伝達体制、顧客・

マスコミ・監督当局等への対応、業務の継続に関する方針等があらかじめ定められているか

第6項　情報の保存管理体制

1　リスクの識別

　　監事は、情報の保存管理体制について、次に列挙する重大なリスクに対応しているか否かを監査上の重要な着眼点として、監視し検証する。

　(1)　重要な契約書、議事録、法定帳票等、適正な業務執行を確保するために必要な文書その他の情報が適切に作成、保存又は管理されていない結果、組合に著しい損害が生じるリスク

　(2)　重要な事業上の秘密、ノウハウ、機密情報や、個人情報ほか法令上保存・管理が要請される情報などが漏洩する結果、組合に著しい損害が生じるリスク

　(3)　開示される組合の重要な情報について、虚偽又は重大な欠落があるリスク

2　重要な統制上の要点

　　監事は、情報の保存管理体制が上記1に定めるリスクに対応しているか否かについて、次の事項を含む重要な統制上の要点を特定の上、判断する。

　(1)　代表理事等が、組合経営において情報保存管理及び実効的体制の整備が必要不可欠であることを認識しているか

　(2)　情報の作成・保存・管理のあり方に関する規程等が制定され、かつ、当該規程を有効に実施するための組合内部の体制が整備されているか

　(3)　理事会議事録その他法定の作成資料について、適正に内容が記録され保存される組合内部の体制が整備されているか

　(4)　保存・管理すべき文書及び情報の重要性の区分に応じて、適切なアクセス権限・保存期間の設定、セキュリティー・ポリシー、

バック・アップなどの管理体制が整備されているか

(5) 個人情報ほか法令上一定の管理が求められる情報について、役職員等に対して、当該法令で要求される管理方法の周知徹底が図られているか

(6) 組合の重要な情報の適時開示その他の開示を所管する部署が設置されているか。開示すべき情報が迅速かつ網羅的に収集され、法令等に従い適時に正確、かつ、十分に開示される体制が整備されているか

(7) 情報保存管理に関して定められた規程及び職務分掌に従った管理がなされているか。情報保存管理の状況を監視するモニタリング部門が存在し、組合の情報保存管理に係る問題点が発見され、改善措置が講じられているか

(8) 情報保存管理の実効性に重要な影響を及ぼしうる事項について、理事会及び監事に対して定期的に報告が行われる体制が整備されているか。内部通報システムなど情報保存管理に関する状況が業務執行ラインから独立して把握されるシステムが整備されているか

第7項　職務の効率性の確保体制

1　リスクの識別

　　監事は、職務の効率性の確保体制について、次に列挙する重大なリスクに対応しているか否かを監査上の重要な着眼点として、監視し検証する。

(1) 経営戦略の策定、経営資源の配分、組織の構築、業績管理体制の整備等が適正に行われない結果、過度の非効率が生じ、その結果、組合に著しい損害が生じるリスク

(2) 過度の効率性追求により組合の健全性が損なわれ、その結果、組合に著しい損害が生じるリスク

(3) 代表理事等が行う重要な業務の決定において、決定の前提とな

る事実認識に重要かつ不注意な誤りが生じ、その結果、組合に著しい損害が生じる決定が行われるリスク

2　重要な統制上の要点

監事は、職務の効率性の確保体制が上記1に定めるリスクに対応しているか否かについて、次の事項を含む重要な統制上の要点を特定の上、判断する。

(1) 代表理事等が、組合の持続的な成長を確保する経営計画・事業目標の策定、効率性確保と健全性確保との適正なバランス等が、組合の経営において重要であることを認識しているか

(2) 経営計画の策定、経営資源の配分、組織の構築、管理体制のあり方、ITへの対応等が、適正に決定・実行・是正される仕組みが整備されているか

(3) 組合の経営資源及び経営環境等に照らして達成困難な経営計画・事業目標等が設定され、その達成のため組合の健全性を損なう過度の効率性が追求されていないか

(4) 代表理事等が行う重要な意思決定及び個別の業務の決定において、経営判断原則に適合した決定がなされることを確保する体制が整備されているか

第8項　組合集団の管理体制

1　リスクの識別

監事は、組合集団の管理体制について、次に列挙する重大なリスクに対応しているか否かを監査上の重要な着眼点として、監視し検証する。

(1) 重要な子会社等において法令等遵守体制、損失の危険管理体制、情報の保存管理体制、職務の効率性の確保体制に不備がある結果、組合に著しい損害が生じるリスク

(2) 重要な子会社等における内部統制の整備状況が組合において適時かつ適切に把握されない結果、組合に著しい損害が生じるリス

ク

(3) 子会社等を利用して不適正な行為が行われ、その結果、組合に著しい損害が生じるリスク

2　重要な統制上の要点

　監事は、組合集団の管理体制が上記1に定めるリスクに対応しているか否かについて、次の事項を含む重要な統制上の要点を特定の上、判断する。

(1) 代表理事等が、組合の経営において組合集団内部統制システム及びその実効的体制の整備が必要不可欠であることを認識しているか

(2) 組合集団全体で共有すべき経営理念、行動基準、対処すべき課題が周知・徹底され、それに沿った法令等遵守、損失危険管理及び情報保存管理等に関する基準が定められ、その遵守に向けた適切な啓蒙活動とモニタリングが実施されているか

(3) 組合集団において重要な位置を占める子会社等、内部統制リスクが大きい子会社等（孫会社含む）などが、組合集団内部統制システムの管理・モニタリングの対象から除外されていないか

(4) 子会社等の内部統制システムの構築・運用状況を定期的に把握しモニタリングする統括本部等が組合に設置され、子会社等の内部統制システムに係る重要な課題につき問題点が発見され、適切な改善措置が講じられているか。子会社等において法令等違反行為その他著しい損害が生じる事態が発生した場合に、組合が適時かつ適切にその状況を把握できる情報伝達体制が整備されているか

(5) 子会社等に監査役が置かれている場合、当該監査役が、本節第4項から第7項に記載の内容に従い、当該子会社等の内部統制システムについて適正に監査を行い、組合の統括本部及び組合の監事との間で意思疎通及び情報の交換を適時かつ適切に行っているか

　(6) 組合集団内で共通化すべき情報処理等（例えば会計処理等）が
　　　適正にシステム化されているか

　(7) 子会社等に対して達成困難な事業目標や経営計画を設定し、そ
　　　の達成のため当該子会社等又は組合集団全体の健全性を損なう過
　　　度の効率性が追求されていないか

　(8) 子会社等を利用した不適正な行為に関して、組合がその状況を
　　　適時に把握し、適切な改善措置を講じる体制が整備されているか

第9項　決算報告の適正性の確保体制

　組合及び組合集団に係る決算報告の適正性を確保するために必要な
体制（以下「決算報告に係る内部統制」という）である。具体的に構
築・運用される体制は本節第4項～第8項に示される各体制ととも
に、理事が構築・運用すべき内部統制システムを構成するものである。

1　リスクの識別

　　監事は、決算報告に係る内部統制について、次に列挙する重大な
　リスクに対応しているか否かを監査上の重要な着眼点として、監視
　し検証する。

　(1) 決算報告を所管する代表理事又は業務執行理事（以下「財務担
　　　当理事」という）が主導又は関与して、不適正な決算報告が行わ
　　　れるリスク

　(2) 組合の経営成績や財務状況に重要な影響を及ぼす財務情報が、
　　　財務担当理事によって適時かつ適切に把握されていない結果、不
　　　適正な決算報告が組織的に又は反復継続して行われるリスク

　(3) 公認会計士等が関与又は看過して不適正な決算報告が行われる
　　　リスク

2　重要な統制上の要点

　　監事は、決算報告に係る内部統制が上記1に定めるリスクに対応
　しているか否かについて、次の事項を含む重要な統制上の要点を特
　定の上、判断する。

(1) 財務担当理事が、組合の経営において決算報告の信頼性及びその実効的体制の整備が必要不可欠であることを認識しているか。決算報告における虚偽記載が適時適切に発見・予防されないリスクの重大性を理解しているか

(2) 決算報告を所管する部署に、会計・財務に関する十分な専門性を有する者が配置されているか

(3) 日常的な監査活動を通じて監事が把握・確認している事項に照らして、次の点について、財務担当理事が適切に判断・対応し、かつ、公認会計士等が適正に監査を行う体制が整備されているか

　①　供給・原価の実在性と期間配分の適切性、棚卸資産の実在性、各種引当金計上の妥当性、税効果会計の妥当性、減損会計の妥当性、ヘッジ会計の妥当性、オフバランス事項その他重要な会計処理の適正性

　②　重要な会計方針の変更の妥当性

　③　資本取引、損益取引における重要な契約の妥当性

　④　重要な資産の取得・処分等の妥当性

　⑤　資金運用の妥当性（デリバティブ取引等を含む）

　⑥　決算報告に重要な影響を及ぼす情報システム及びその管理方針や手続の整備状況

　⑦　会計基準や制度の改正等への対応

　⑧　剰余金処分に関する方針の妥当性

(4) 決算報告に係る開示すべき情報が迅速かつ網羅的に収集され、法令等に従い適時に正確かつ十分に開示される体制が整備されているか

(5) 組合の経営成績や財務状況に重要な影響を及ぼす可能性が高いと認められる事項について、財務担当理事と公認会計士等との間で適切に情報が共有されているか。公認会計士等の組合からの独立性が疑われる特段の関係がないか。その他公認会計士等の職務の遂行が適正に行われることを確保するための体制が整備されて

いるか

3　監事は、公認会計士等に対し、決算報告に係る内部統制における上記1に列挙する重大なリスクへの対応状況、その他決算報告に係る内部統制の実効性に重要な影響を及ぼすおそれがあると認められる事項について、適時かつ適切に監事又は監事会に報告するよう要請し、情報の共有に努める。

4　監事は、財務担当理事と公認会計士等との間で、監査の方法又は会計処理について意見が異なった場合には、財務担当理事及び公認会計士等に対し適時に監事又は監事会に報告するよう要請する。

5　監事は、本章に記載の監査の方法等に基づく監査活動を通じて、決算報告に係る内部統制が上記1に列挙する重大なリスクに対応していないと判断した場合には、必要に応じ監事会における検討を経て、その旨を財務担当理事に対して適時かつ適切に指摘し必要な改善を求めるとともに、公認会計士等に対して必要な情報を提供する。

（第9章第1節第2項「監事監査」及び同第2節「決算関係書類及び事業報告書並びにこれらの附属明細書の適正性監査のために監事があらかじめ把握する事項」参照）

第10項　監事監査の環境整備

第2章第1節に記載のとおり、監事が理事と意思疎通を図り、必要な要請を行い、整備に努めるべき事項である。

1　監事スタッフに関する事項

監事は、監事スタッフに関して、以下の事情のいずれかが認められる場合には、代表理事等又は理事会に対して必要な要請を行う。この要請は、必要に応じて監事会における検討を経て行う。

（1）監事の監査体制に照らし、その職務を執行するために必要と認められる監事スタッフの員数又は専門性が欠けている場合

（2）監事の指示によって監事スタッフが行う会議等への出席、情報収集その他必要な行為が、不当に制限されていると認められる場

合

(3) 監事スタッフに対する監事の必要な指揮命令権が不当に制限されていると認められる場合

(4) 監事スタッフに関する人事異動（異動先を含む）・人事評価・懲戒処分等に対して監事に同意権が付与されていない場合

(5) その他、監事監査の実効性を妨げる特段の事情が認められる場合

2　監事報告体制

監事は、理事及び職員が監事に報告するための体制その他の監事への報告に関する体制（以下「監事報告体制」という）について、次の事情のいずれかが認められる場合には、代表理事等又は理事会に対して必要な要請を行う。この要請は、必要に応じて監事会における検討を経て行う。

(1) 理事会以外で監事が出席する必要のある重要な会議等について、監事の出席機会を確保する措置が講じられていない場合

(2) 監事が出席しない会議等について、その付議資料、議事録等の資料が監事の求めに応じて適時に閲覧できる措置が講じられていない場合

(3) 業務執行の意思決定に関する稟議資料その他重要な書類が、監事の求めに応じて適時に閲覧できる措置が講じられていない場合

(4) 代表理事等、内部監査部門等又は内部統制部門が監事に対して定期的に報告すべき事項が報告されていない場合

(5) 上記の（4）以外で、代表理事等又は内部統制部門等が監事に対して適時に報告すべき事項が報告されていない場合

(6) 組合に置かれている内部通報システムについて、監事に当該システムから提供される情報が適時に報告されていない場合

3　内部監査部門等との連係体制

監事は、次の事情のいずれかが認められる場合には、代表理事等又は理事会に対して必要な要請を行う。この要請は、必要に応じて

監事会における検討を経て行う。

(1) 内部監査部門等から監事への定期的報告、内部監査部門等が行う調査への監事（又は監事スタッフ）の立会い・同席、内部監査部門等に求めた追加調査等の不実施など、監事と内部監査部門等との連係が実効的に行われていないと認められる場合

(2) 上記（1）のほか、監事と内部監査部門等との実効的な連係に支障が生じていると認められる場合

(3) 内部統制部門からの報告体制で監事が要請した事項が遵守されていない場合

第5節　監査実施後の措置、理事会への助言・勧告

第1項　監査調書の作成

1　監事は、本章第4節に例示した体制ごとの内部統制システムに係る監査を実施した場合には、その都度、個々に、次の内容を記載した監査調書を作成し、監事会に報告する。

①　実施した監査の方法と把握した事項

②　不備があると認めた場合の内容、著しい不備と判断するか否か、不備の影響度に関する判断等

③　代表理事等又は理事会への助言・勧告等を要すると判断するか否か、その論拠等

④　監事の監査所感

　内部統制システムに係る監査調書は、実地調査等の日常監査の監査調書と区分して作成しても、一体で作成してもよい。

2　監査調書の作成は、適切な監査意見形成の助けとなるとともに、監事の職務遂行の適正性・合理性の証跡となる。

第2項　監事会における審議

1　監事会は、各監事から、実施した個別の内部統制システムに係る監査に関する監査調書に基づく報告を受けて、不備又は著しい不備

と認められる事項の内容、代表理事等又は理事会への助言・勧告の必要性とその内容を審議する。

　　特に「不備が認められる」又は「著しい不備が認められる」とされる項目について、各々その判断の妥当性について審議する。

　　これらの審議の結果、代表理事等又は理事会に助言・勧告を行うか否か、また、行う場合の内容について確認する。

2　上記1の監事会の決定事項は、その判断根拠及び結論について、監事の作成した当該監査調書に付記する。

第3項　代表理事等又は理事会への助言・勧告

1　監事は、本章第4節に例示した各体制ごとのリスクへの対応状況について監視・検証し、当該体制が重大なリスクに対応していないと認められる場合には、内部統制の不備として、代表理事等、内部監査部門等又は内部統制部門に対して適時に指摘を行い、必要に応じ代表理事等又は理事会に対して助言・勧告その他の適切な措置を講じる。この指摘、助言・勧告その他の措置については、内部統制システムに係る不備又は著しい不備の判断について、監事会の審議を経てから行うこととしてもよい。

2　監事会は、審議の結果、内部統制システムに不備が認められると判断した事項で、監事会として行うことが必要と判断する事項について、代表理事等又は理事会に対し助言・勧告を行う。

3　監事監査の環境整備に関する事項について問題があると判断した場合は、監事は、監事会において理事に求める改善内容を検討の上、代表理事等又は理事会に対して必要な改善を要請する。

4　上記1～3について必要と判断する場合は、内部統制システムに係る理事会決議の見直しについて助言・勧告を行う。

5　監事会による代表理事等又は理事会に対する助言・勧告・要請については、その実施の内容、時期及び助言・勧告・要請に対する代表理事等又は理事会の対応状況について、個別の監査調書又は期末

に作成する監査調書に記録する。

第6節　期末における内部統制システム構築・運用状況の判断及び事業報告書の記載に係る監査

第1項　内部統制システム構築・運用状況の判断

1　監事は、当該事業年度の内部統制システムに係る監査が終了した場合、把握した事項、重要な統制上の要点に関する判断、発見した不備又は著しい不備の内容、監事の監査所感等を踏まえ、当該事業年度末時点での個別内部統制システムの構築・運用状況を判断し、総合して組合の内部統制システム全体の構築・運用状況について判断する。

2　事業年度末時点での内部統制システム構築・運用状況の判断に際しては、本章第5節第3項「代表理事等又は理事会への助言・勧告」に記載のとおり、代表理事等に対し必要な改善や理事会の見直し決議を助言・勧告、要請した結果について、その実施状況及び整備改善状況を織り込んで判断する。

第2項　監事監査の環境整備に関する事項の判断

1　監事監査の環境整備に関する事項については、監事監査を実効的に遂行するための前提条件となるものであることから、本章第4節第10項「監事監査の環境整備」により期中に随時、監査を実施し、整備状況に問題があると判断した場合は、本章第5節第3項「代表理事等又は理事会への助言・勧告」により、監事会において理事に求める改善内容を検討の上、代表理事等に対し必要な改善や理事会の見直し決議を要請する。

したがって、環境整備の状況が、監事が要請した事項に留意した内容となるよう監事、理事双方の努力がなされ、期末までには問題点が解消されているべき事項である。

2　監事は、監事監査の環境整備に関する事項について、本章第4節

第10項「監事監査の環境整備」に記載の要点により期末時点の状況を判断し、期末時点で問題と認められる点の有無、問題と認められる場合の内容を整理し、その問題点の重要度を勘案し、環境整備の状況が監事監査の実効的な遂行において問題がないかという視点から環境整備の相当性について判断する。

第3項　内部統制システムに係る理事会決議の相当性の判断

監事は、上記第1項及び第2項の判断・整理を踏まえて、期末時点の内部統制システムに係る理事会決議の相当性、即ち、理事会決議の内容に問題は認められないかという点について、以下の視点から判断する。

① 当該理事会決議の内容が、第1節第1項1に定める事項を網羅していること

② 当該理事会決議の内容が、内部統制システム構築・運用のための規程類、組織体制、実行計画、監視活動等に関する基本方針を含んでいること。含んでいない場合にはその正当な理由があること

③ 当該理事会決議の内容について、必要な見直しが適時・適切に行われていること

④ 監事が助言又は勧告した内部統制システムの不備に関する指摘の内容が、理事会決議において反映されていること。反映されていない場合には正当な理由があること（監事監査の環境整備事項等に関する監事会の要請についての対応を含む）

第4項　内部統制システムに係る理事の職務執行に関する監査報告指摘事項の判断

1　監事は、内部統制システムの構築・運用状況についての監査実施後の判断結果、並びに代表理事等又は理事会への助言又は勧告にもかかわらず、正当な理由なく適切な対処を行わず、かつ、その結果、

内部統制システムの構築・運用状況に重大な欠陥があると認められる場合には、その旨及びその理由を監査報告書に記載する。

2　監事は、本章第2節第1項「内部統制システムに係る監査の実施における基本的な考え方」に準拠して、監事としての注意義務を尽くして、監査を実施し、発見した不備を分析・評価した結果、著しい不備が認められない場合（監事が代表理事等又は理事会への助言又は勧告を行った結果、当該不備について対応がなされ、著しい不備が解消された場合を含む）には、監査報告書に記載しない。

第5項　理事会決議の内容の概要に係る事業報告書記載内容の監査

監事は、当該事業年度の事業報告書を受領したときは、「理事会決議の内容の概要に係る記載内容」について、次の手順により監査し、記載内容の適正性について判断する。

（1）内部統制システムに係る理事会決議の内容の概要の記載の有無を確認する。

　　基本方針の理事会決議を行った組合は、見直し決議を含め事業年度末までの基本方針の決議の内容（当該年度中に新たな決議がない場合は、過年度の決議で当該事業年度末時点に維持されている決議内容）の概要について毎期の事業報告書で開示する。

（2）内部統制システムに係る理事会決議の内容の概要の記載と、期末時点での理事会決議の内容（見直しの決議を含む）との整合性を次の点から検証する。

　　①　理事会で決議されていない内容が記載されていないか

　　②　理事会で決議された内容が誇張して記載されていないか

　　③　組合員に誤解を与えるような記載となっていないか

　　④　内部統制システム構築・運用の趣旨及び組合員への説明責任に照らして不足な記載となっていないか

（3）上記（2）において整合性がないと認められる点がある場合はその内容を整理する。

(4) 上記（3）で整理した場合は、速やかに監事会で審議を行い、事業報告書の記載内容を不適正と認めるか否か判断し、不適正と判断した場合は、事業報告書作成担当の理事に対し、不適正と認める旨及びその理由を伝え、記載内容の修正を要請する。

(5) 事業報告書記載内容の修正により「整合性がないと認められる」点が解消されているか等を検証し、事業報告書記載内容の適正性について判断する。

第6項　監査調書の作成

監事は、本節第1項～第5項までの監査が終了した場合は、次の項目を監査調書に要約して監事会に報告する。この監査調書は、各監事が期末に業務監査事項全般に関する監査調書を作成する場合に、その監査調書と一体として作成してもよい。

(1) 内部統制システムの構築・運用状況についての監査の方法と判断した結果及び判断の論拠

① 監査の方法

② 判断結果

③ 判断の論拠

④ 発見した不備又は著しい不備の整理結果、代表理事等又は理事会に助言・勧告した事項とその改善状況についての判断等

⑤ ④の助言又は勧告にもかかわらず、代表理事等又は理事会が正当な理由なく適切に対処せず、かつ、その結果、内部統制システムの構築・運用状況に重大な欠陥があると認められる場合で、その旨を監査調書において指摘する事項等

(2) 監事監査の環境整備についての判断結果、判断の論拠、問題点の整理結果

① 判断結果、判断の論拠、問題点の有無及び問題点の内容

② 理事又は理事会への改善要請に対して、理事又は理事会が正当な理由なく適切な措置をとらない場合で、その旨を監査調書

において指摘する事項等

(3) 内部統制システム（監事監査の環境整備に関する事項を含む）に係る理事会決議の相当性についての判断結果と判断の論拠

　① 　本節第3項「内部統制システムに係る理事会決議の相当性の判断」における判断結果と判断の論拠

(4) 理事会決議の内容の概要に係る事業報告書記載内容の適正性の判断結果と判断の論拠

　① 　本節第5項「理事会決議の内容の概要に係る事業報告書記載内容の監査」における判断結果と判断の論拠

第7項　監事会での審議と判断

　監事会は、監事から、第1項～第6項の監査の結果、内部統制システムに著しい不備があると認める旨の報告があった場合には、それが重大な欠陥に相当するかどうか、監査報告にて指摘することの合理性・妥当性を審議し判断する。

　指摘することの合理性・妥当性については、以下に示す観点から判断する。

　① 　指摘する理由について他の監事の異議と合理性

　② 　指摘する理由について当該内部統制システムの構築・運用状況に係る誤解の有無

　③ 　監事会からの助言・勧告等への対応状況の確認

　④ 　監事会からの助言・勧告等の内容の、組合の規模、事業の性質、その他の個性や特質に照らした水準の適切性

　監事会は、以上の各事項に基づき検証した結果、監査報告において指摘すべきであると判断した場合には、監査報告書に指摘すべき事項及びその理由を記載する。

第8章

日常監査

第1節　日常監査の実施と監査調書の作成

1　監事は、監事会が定めた監事監査の基準に準拠し（若しくは定めていない場合は生協監事監査基準モデルを参照し）、監査の方針、監査計画、監査業務の分担等に従い日常監査を実施し、監査実施状況・結果について定期的又は随時に代表理事及び理事会に報告し、必要に応じて理事及び職員に対し助言・勧告を行う等監査の実効性の確保に努め、期末監査終了後、当該事業年度における監査の方法と結果について、監査報告書にまとめ、組合員（総代）に報告する。

2　監査報告は、非常勤監事も含めてすべての監事が作成を求められ、監査報告書には、実際に実施した監査の方法及びその内容の記載が必要とされ、監査の結果として意見を表明する事項についても法令の要請を満たす必要があるので、監事は、監査報告作成に係る法令を確認するとともに、日常監査として実施する監査の方法及び結果について、自信を持って監査報告書に記載し、組合員（総代）に報告することができるよう、本章第2節以降に掲げる監査方法について裏づけとなる監査活動を実施し、個々の監査活動ごとに監査調書を作成する。

3　本章第2項以降に掲げる監査の方法における最重要のポイントは、「監査に必要な情報を如何に把握するか」にあるので、組合及び子会社等全体について、定例的・臨時的ともに、監事が自動的に情報を入手する仕組みの構築と効果的な運用（理事及び職員、公認会計士等との協議によって、監事の会議出席、監事への資料・文書・電磁情報の回付、口頭報告等をルール化し機能させる）を図る。自動的な情報入手の仕組みの構築・運用が適切になされることによっ

て、自動的には入手できない異常情報の兆しを監事が感知する可能
性が高まる。

4　これら、監査報告書記載の監査の方法、即ち、重要会議出席、報
　告聴取、重要書類閲覧等の「監事への報告体制」及び理事、内部監
　査部門等その他の職員等と意思疎通を図る等の「その他監事監査の
　実効性確保体制」の整備については、監事スタッフの配置・活用等
　と併せて、「監事監査の環境整備に関する事項」として、監事自ら
　がその職務を適切に遂行するため理事等と意思疎通を図り整備に務
　める必要がある事項であり、かつ、理事（又は理事会）も監事の職
　務の執行のための必要な体制の整備（内部統制システムの一環）に
　留意しなければならない義務が課され、その整備の基本方針につい
　て理事会決議が求められている事項である。

　　したがって、監事は、当該事業年度の監査計画の作成に先立ち、
　当該事業年度の監査を実効的に行うために必要な監事監査の環境整
　備事項等について監事会において検討し、必要に応じて理事に求め
　る案を決定し、理事に要請する。なお、監事は、これら監事監査の
　環境整備事項等に関する理事の対応状況を監査し、相当でないと認
　められる場合にはその旨及び理由を監査報告書に記載することが求
　められる。

5　監査報告書記載の監査の方法、即ち本章第2節以降に掲げる監査
　の方法は、各監事がすべてを実施しなくとも分担して実施すること
　で差し支えなく、また、各々の監査方法についての注力の程度や時
　間配分、重点の置き方等は、経営上・事業運営上のリスクに関する
　認識や内部統制システムの構築・運用状況等に応じて異なるので、
　組合の実情に応じて適当と考えられる方法を選択する。

　　なお、各監事は、監査意見を形成するにあたって、自身の分担外
　の監査事項に関する情報も必要とするので、監査業務を分担した場
　合は監査調書を基に相互に報告し合い、情報の共有化を図る。

6　監査調書は、個別の監査の実施内容を監事会に報告する文書であ

り、監事間で情報を共有化し、各監事が必要に応じ参照する共有の記録となるため、次の事項を記載する。

① 監査実施年月日

② 監査対象先、対応者

③ 監査担当者

④ 実施した監査方法（報告聴取・資料閲覧・立会い・視察等）

⑤ 監査結果・指摘事項・所見等

⑥ 監査意見の形成に至った過程・理由等

⑦ その他補足説明

　監査調書は、期末に作成する監査報告と異なり、監事（会）の外（組合員等）に報告することを求められていないが、代表理事及び理事会への報告のほか必要に応じて理事及び職員（監事監査の被監査部門を含む）に対し助言・勧告等を行うために活用する。

　ただし、情報提供者を保護する必要がある場合等は、監査調書から必要事項のみを抜粋する等、取り扱いに配慮する。

第2節　理事会その他重要会議出席

第1項　理事会

1　生協法では、組合の業務に係る意思決定について、「総（代）会」は事業報告書及び決算関係書類、組合の毎事業年度の事業計画の設定及び変更、収支予算、定款・規約、役員の選・解任等の限定事項を議決することとして、組合の業務執行の決定は、「理事会」が行うことと定めている。

　したがって、代表理事及び業務執行理事が出席する重要な会議等は、規程等により実態上は経営の重要事項について検討する場となっていても、生協法上は、重要事項については理事会の決議が必要であり、理事会の決議を必要としない事項については、代表理事及び業務を執行する理事が業務執行行為の責任を負う。

2　理事の意思決定の監査―経営判断原則

　　監事は、理事会決議その他において行われる理事の意思決定に関して、善管注意義務、忠実義務等の履行状況を、以下の観点から監視し検証する（いわゆる経営判断原則）。

(1) 事実認識に重要かつ不注意な誤りがないこと

　　① 意思決定のために必要な情報を十分に得ているか

　　② 情報（事実、計数、予測）は正確、客観的、中立的か

(2) 意思決定過程が合理的であること

　　① 法令・定款、決裁権限規程等に準拠した意思決定か（理事会、経営会議等の付議基準、招集手続、議事運営等を含む）

　　② 代替案や想定しうる利益・不利益等必要事項の検討が行われているか

　　③ 必要な場合、該当案件についての専門家の見解を徴しているか

(3) 意思決定内容が法令又は定款に違反していないこと

　　① 生協法及び関連する業法や定款で認められる範囲内か

　　② 経済・市場秩序、その他一般刑事事項等に対する法規制に違反していないか

　　③ 必要な場合、弁護士等の専門家の見解を徴しているか

(4) 意思決定内容が通常の経営者として明らかに不合理でないこと

　　① 集めた情報と適正な検討に基づく合理的な結論となっているか

　　② 想定しうるリスクが組合の経営にとって致命的なレベルでないこと

(5) 意思決定が理事の利益又は第三者の利益でなく組合の利益を第一に考えてなされていること

　　① 理事個人の保身や利得を得ることを目的としていないか

　　② 親族・友人等、組合以外の第三者の利益を図るためではないか

3　理事会の監督義務の履行状況の監査

　生協法及び定款は、理事会の職務として、「組合の業務執行の決定」とともに「理事の職務の執行の監督」を定めており、代表理事及び業務を執行する理事は、3 ヶ月に 1 回以上自己の職務の執行の状況を理事会に報告しなければならない（理事長又はその指名を受けた理事がまとめて報告してもよい）。

　監事は、代表理事及び業務を執行する理事がその職務の執行の状況を 3 ヶ月に 1 回以上適時かつ適切に理事会へ報告しているかを確認するとともに、理事会が監督義務を適切に履行しているかを監視し検証する。

4　理事会出席、意見陳述義務

　監事は、理事会に出席し、必要があると認めるときは、意見を述べなければならない。

(1)　理事会において必要があると認めたときの意見陳述は、各監事が発言しうるが、事前に議題・資料を入手し、必要な場合は事前に内容の説明を受け、理事会開催前に、意見陳述について監事会において審議又は各監事個別に検討を行う。

　　意見陳述の必要性とその内容について、監事の意見が一致した場合は、陳述する意見の内容に適した監事の 1 人が、監事会としての意見を代表し、陳述してもよい。

(2)　員外監事・有識者監事については、非常勤の場合であっても、その期待される役割を認識し、監事会又は監事間で事前に案件の内容の検討を十分に行う等により情報の共有化を図り、理事会や代表理事との定期的会合等の場において必要に応じて意見等の発言に努める。また、常勤監事は、特に非常勤の員外監事・有識者監事に対して、監査に必要な組合情報を積極的に提供する必要がある。

5　監事は、理事が不正の行為その他法令若しくは定款に違反する行為をし、又はこれらの行為をするおそれがあると認めるとき、又は著しく不当な事実があると認めるときは、遅滞なく、その旨を理事

会に報告しなければならない。

　この場合、監事は必要があると認めるときは理事会の招集を請求する。請求の日から5日以内に、請求の日から2週間以内の日を理事会の日とする理事会招集の通知が発せられない場合は、監事は自ら理事会を招集することができる。

　また、監事は、理事が組合の目的の範囲外の行為その他法令若しくは定款に違反する行為をし、又はこれらの行為をするおそれがある場合において、当該行為によって組合に著しい損害が生ずるおそれがあるときは、当該理事に対し、当該行為をやめることを請求する。これらの場合に、監事は事前に監事会において審議をすることができる。

6　監事は以上の点を踏まえた上で、理事会について以下のとおり監視し検証する。

（1）理事会前の調査

①　理事会規程の確認

　　法令・定款に適合しているか、決議事項・報告事項の基準が明確か、等。

②　招集手続、付議事項の確認

　　法令・定款・理事会規程に適合しているか、年間の定例的な付議事項のスケジュールや重要な会議の付議事項等と照らして漏れがないか、等。

③　議案・資料の事前入手、必要な場合に担当部門等から事前説明聴取

④　付議事項に関する理事会前の監事会又は監事連絡会などにおける調査

　　上記2に記載の経営判断原則に照らして、理事の意思決定に関し、善管注意義務、忠実義務が守られているか。

⑤　上記の調査の結果、問題がある場合は、可能な限り理事会の決議の前に、理事等に対し、助言・勧告を行い、又は差止めの

請求を行う。

⑥　理事会の決議の省略についての検討

定款に理事会決議の省略に関する定めがある場合、理事会決議の目的事項の提案について、当該案件の議決に加わることができる理事全員が書面又は電磁的記録により同意の意思表示をしたときは、当該案件を可決する旨の理事会の決議があったものとみなされる。

この場合、監事が当該提案について異議を述べた場合は、理事会決議の省略は認められず、決議を行う場合には理事会を開催する必要があるので、各監事は、提案されている案件について理事会決議の省略の可否について慎重に検討し、監事間で意見交換の上（監事会の開催が望ましい）、異議を述べるか否かを決定する。

⑦　理事による業務執行状況に関する報告事項の確認

代表理事及び業務を執行する理事による職務の執行の状況に関する報告が3ヶ月に1回以上行われているか確認する。業務執行理事は、各人ごとに3ヶ月に1回以上は職務の執行の状況に関して報告する必要がある（理事長又はその指名を受けた理事がまとめて報告してもよいが、この報告の省略は認められていない）ことから、理事会は少なくとも3ヶ月に1回以上は開催されることが必要となる。

(2)　理事会の場における監査

①　定足数の充足

②　議事運営の方法の適法性

議案に特別の利害関係を有する理事は決議に参加できない、等。

③　決議事項、報告事項の内容の適正性

経営判断原則を満たす内容と過程により検討され、決議されているか、等。

④　必要な場合の監事の意見陳述

⑤　決議事項の開示の必要性及び手続の検討は適切か、等

(3) 理事会後の調査

①　議事録の確認

　　法定の記載事項が記載されているか、経営判断原則を満たしていることの証拠となる記録や資料添付がなされているか、監事の発言要旨が記載されているか、出席理事・監事の署名又は記名押印（電磁的記録の場合は電子署名）、賛否の記録は適切か（議事録に異議を止めない者は決議に賛成したものと推定される）、議事録は10年間主たる事業所に備置されているか、等。

②　決議事項、報告事項の実施状況確認

　　決議事項、報告事項の実施が適法・適切になされているか、必要な場合に、理事会に実施状況について報告されているか、等。

第2項　理事会以外の重要な会議

1　重要会議への出席

(1) 監事は、監査のため必要と認められるすべての会議に出席できるが、効率的な監査活動を遂行する観点から、重要な意思決定の過程及び業務の執行状況を把握するために理事会以外の主要な会議を選定し、全員又は監事間で定めた監事が出席する。監事が出席する重要な会議例として、以下のようなものが考えられる。

①　代表理事及び業務執行理事が出席する重要会議

　　経営会議・常務理事会等、予算・決算会議その他重要な会議

②　内部統制システムに係る重要な会議・委員会、等

　　リスク管理・危機管理委員会、コンプライアンス委員、等

③　その他情報収集のため必要な会議

　　部長会議・店長支所長会議、子会社社長会、等

(2) 監事の会議への出席要否、監事のうちの出席者については、組

合の実情に応じて判断するが、理事等と協議して、必要な重要会議への監事の出席が可能となる体制を整備する。

　　監事が重要な会議に出席できる体制の整備は、監事監査の環境整備に関する事項の中の「監事への報告体制」に含まれ、内部統制システムに係る理事会の決議を行う場合の決議事項の一項目である。

(3) 会議の開催状況は、年間の会議スケジュール表や各部門業務計画であらかじめ把握するほか、会議主催部門に対し臨時の会議も含めて監事にも漏れなく開催通知を送付するよう要請する。

(4) 監事は、重要と思われる会議で監事が出席しなかったものについては、別途、議事録を閲覧し、又は、主催部門から会議の経過と結果について内容を聴取する。

2　経営会議・常務理事会等に出席する場合は、監事は理事会に準じて事前調査を行い、必要と認められる場合は意見を述べる。

　　経営会議・常務理事会等については、監事の出席如何にかかわらず資料の事前入手と議事録の閲覧を行う。

　　必要な場合は、事前に担当部門等から内容の説明を受け、問題がある場合は、可能な限り事前に、理事及び職員等に対し、助言・勧告を行う。

第3節　報告の聴取

1　監事(会)は、理事が組合に著しい損害を及ぼすおそれがある事実を発見したとき等法令に定める事項のほか、あらかじめ理事と協議して定めた理事及び職員等からの監事(会)に対する報告事項について報告を受けるとともに、必要に応じて理事及び職員等に報告を求める。

　　理事及び職員が監事に報告をするための体制の整備は、監事監査の環境整備に関する事項の中の「監事への報告体制」に該当し、内部統制システムに係る理事会決議を行う場合の決議事項の一項目で

113

ある。

① 監事に定例的に報告すべき事項の例

・ 経営状況、事業遂行状況、財務の状況・期末決算状況等、内部監査部門等が実施した内部監査の結果、リスク管理の状況、コンプライアンスの状況、事故・不正・苦情・トラブルの状況、等

② 監事に臨時的に報告すべき事項の例

・ 組合に著しい損害を及ぼすおそれのある事実、理事の職務の遂行に関して不正行為・法令定款に違反する又はそのおそれがある重大な事実、内部通報制度に基づき通報された事実、当局検査・外部監査の結果、当局等から受けた行政処分等、重要な会計方針変更・会計基準等の制定・改廃、重要開示書類の内容、等

監事は、これらの監事への報告が実効的かつ機動的になされるよう、内部規則の制定その他の内部体制の整備を理事に求める。

2　監事は、本部各部門、事業所・工場、子会社等を定期的に現況聴取する（循環的実施により空白・聖域を排除し、監事による牽制効果を発揮する）ことにより業務運営方針、課題等のほか、役職員の法令定款遵守意識等を確認し、各部門が抱える各種リスクとその対応状況及び日常業務運営における組織的牽制・チェック・規律の状況、上記1の監事への報告体制の実効性等を把握する。

3　監事は、本実施要領第7章に記載のとおり、内部統制システム全体の構築・運用を統括する機能、個別内部統制システムを構築・運用する機能及び内部統制システムのモニタリングを所管する内部監査部門等の機能をそれぞれ所管する部署・担当者から定期的に、また、随時に報告を受け、さらに年間まとめての活動状況、課題等の報告を受ける。

4　監事は、理事会議題、経営会議・常務理事会等重要会議の議題のうち、必要なものについては、担当理事又は部門から事前に説明を

受ける。

5　監事は、他の組合で発生した事件等のうち、当組合においてもリスクが感じられる場合は、所管部門から対応方針等を聴取して、当組合の実情を把握する。

6　監事は、これらの報告聴取した事項について、必要と認められる場合は、監事会で審議し、理事及び職員に対し助言・勧告を行う。

第4節　書類の閲覧

1　監事は、理事の意思決定、業務執行及び内部統制システムの構築・運用状況に係る重要な書類（電磁的記録を含む。以下同じ）を閲覧し、必要と認めたときは、理事及び職員に対しその説明を求め、意見を述べ、助言・勧告を行う。

　監事の重要書類閲覧に係る体制の整備は、監事監査の環境整備に関する事項の中の「監事への報告体制」に含まれ、内部統制システムに係る理事会の決議を行う場合の決議事項の一項目である。

2　閲覧する書類例

(1)　重要会議議事録

①　総(代)会議事録、理事会議事録、経営会議・常務理事会等議事録

(2)　決裁書類等

①　稟議書等理事が決裁する重要書類

②　重要な契約書

③　代表理事印を押印する書類

(3)　長期・中期・年度事業計画書

(4)　予算・決算関係の書類

①　予算関係書類

②　決算関係の書類

③　法人税等申告書

(5)　月次業務報告関係書類

　(6)　内部監査報告書

　(7)　子会社等の関係書類

　　①　事業報告

　　②　決算関係の書類

　(8)　その他

　　①　労使協定書

　　②　訴訟関係書類

　　③　登記関係書類

　　④　重大な苦情・商品回収等の発生・処理報告書

3　監事が閲覧する書類は、自動的に回付されるよう当該書類の取扱い事務局に要請し、回付の仕組みを構築する。

4　監事は、書類の閲覧記録を作成し回付漏れを防止するとともに、閲覧した書類について疑義又は異常がある場合は、理事及び職員に対し説明を求め、必要があると認めたときは実地調査を行う。

第 5 節　実地調査

1　実地調査は、本部・支所・店舗その他の事業所（以下「事業所」という）の業務の実情を現場において把握し、その業務が適法かつ適正に行われていることを確認するとともに、内部統制システムの構築・運用状況を監視し検証するために実施する。

2　実地調査の事前準備

　(1)　実地調査を円滑かつ効果的に行うために、監事会の定めた監査計画に基づき、当該事業所の状況を勘案の上、実地調査実施計画を作成し、当該事業所に対し、調査日程の調整、資料の準備要請などを行う。

　(2)　監事は事前に次の事項を調査する。

　　①　当該事業所の組織、職務権限、人事配置

　　②　当該事業所に係る理事会等重要会議の決議・報告事項

　　③　当該事業所に係る公認会計士等の監査、内部監査の実施状況

報告及びその指摘事項に対する当該事業所の対応状況

④　当該事業所に係る本部統括部署からの状況聴取など

3　実地調査の内容

　　実地調査の実施項目は、次の事項を参考例として、状況に応じて選定し、各実地調査ごとに重点調査項目を定めて実施する。

　　事前に当該事業所の責任者に実地調査の目的・意義などを理解させ、重点調査項目の自己点検等により説明資料などを準備させる方法もある。

(1) 法令等の遵守状況

①　当該事業所に関係する法令等の遵守状況の把握、遵守体制の構築・運用状況・実効性についての確認

②　必要に応じ、契約書、官庁等への届出書、報告書その他の記録の閲覧

(2) 内部統制システムの構築・運用状況

①　当該事業所における組織、制度、規程などの整備・運用状況の把握

②　内部監査部門等による監査に対する対応状況の確認

③　必要に応じ、決裁書類、報告書、その他の記録の閲覧

(3) 経営方針の浸透状況・経営計画等の進捗状況

①　経営方針の浸透状況・経営計画等の進捗状況の把握

②　理事会等重要会議の決議・報告事項、その他の重要な決裁事項の実施状況確認

(4) 財産の調査（金銭、有価証券、製・商品、原材料、設備・備品、土地・建物等）

①　財産の取得、保全、運用、売却、除却、廃棄等が、法令及び内部諸規程に従い、適正に処理されていることの確認

②　財産の棚卸立会い等による実在性確認、遊休資産の管理状況確認

(5) 取引の調査

①　当該事業所における取引の実情の調査

②　①の中で、重要又は異常な取引等について、法令・定款違反のおそれの有無、重大な損失発生のおそれのある事実の有無の調査

(6) 情報管理の調査

所定の文書・規程類、重要な記録その他の重要な情報の整備・保存・管理状況の調査

4　監事は実地調査の実施にあたっては、事実がありのままに把握できるよう実地調査の目的・意義を対象者に理解させるよう努め、事業所の上層部の責任者だけでなく広範囲の職員との対話を図り、隠された本音部分の把握に努めるとともに、得られた情報の取り扱いに留意し、現場との信頼関係の維持に努める。

5　実地調査終了時には、できる限り現場で関係者と懇談し、意見交換を行う。

第6節　子会社等の調査

1　子会社等（子法人等及び関連法人等）を有する組合の監事は、その職務を行うため必要があるときは、子会社等に対して事業の報告を求め、又はその子会社等の業務及び財産の状況を調査する。

なお、子会社等は、正当な理由があるときは、上記の報告又は調査を拒むことができる。

2　子会社等については、日常、組合内において次の事項を調査する。

①　子会社等に対する経営方針、子会社等の管理体制の状況についての把握

②　内部統制システムの組合集団内の整備状況についての把握

③　子会社等の事業報告、決算関係の書類の閲覧

④　組合と子会社等との間の取引で一般的でない取引の存否の把握
子会社等との取引高、取引内容、債権債務の明細など

⑤　理事の利益相反取引、競業取引に該当する場合の理事会付議・

報告の確認

⑥　子会社等の理事又は取締役、監事又は監査役の兼務者が組合にいる場合、必要に応じ、該当者から当該子会社等の状況聴取

⑦　監事・監査役連絡会を活用した子会社等の監事又は監査役からの状況聴取

⑧　公認会計士等の子会社等調査の結果報告とその対応状況把握

⑨　内部監査部門等の子会社等調査の結果報告とその対応状況把握

3　子会社等への訪問実地調査は、重要性、適時性、必要性等を勘案し、監事会の監査計画に織り込み、主要な子会社等については、調査の空白が生じないよう数年で一巡するように実施する。

4　子会社等への訪問実地調査は、子会社等の独立性に留意しつつ、上記2に記載の組合内の日常調査に基づいて必要と認めた事項の実情を把握するため、当該子会社等に赴き、代表取締役に面談するほか、管理部門長等から説明を受け、資料を閲覧し、主要な設備などの視察を行う等により調査を行う。

第7節　生協法が特に規定する理事等の行為に係る監査

1　生協法が特に規定している次の事項については、理事の職務執行監査において注意を要する事項であり、本実施要領第7章「内部統制システムに係る監査」の「法令等遵守体制」に関する監査事項にも含まれる。生協法及び同施行規則は、監査報告における監査の方法及び結果の記載に際し、これらの事項について特記事項とすることを求めてはいないが、監事は、理事の職務執行における重要監査事項として理事の義務違反がないかを監視し検証する。

①　自己取引・利益相反取引（生協法第31条の2）、競業取引

②　投機取引の禁止（生協法第98条）

③　その他、「生協法第9章罰則」に規定の各事項

④　関連当事者との一般的でない取引（生協法施行規則第119条）

⑤　補償契約（生協法第31条の６）

⑥　役員賠償責任保険契約（生協法第31条の７）

　④の取引については、生協法に特段の定めはなく同施行規則で注記を要する事項とされているが、監事は、理事の重要な職務執行に係る監査事項として、特に一般的ではない取引の有無とその内容に関して監視し検証する。

2　上記１の①～⑥に係る監事監査に際しては、本章に記載の日常監査及び第７章「内部統制システムに係る監査」の「法令等遵守体制」に係る監査の中で、これらの各事項に関しても理事の義務違反がないかという観点から監査を遂行するが、③を除く各事項については、本節第１項～第５項の要領によって監査を実施する。

3　各事項について、理事の義務違反又はそのおそれがある場合には、必要に応じて監事会で審議の上、監事は、理事に対して指摘し、その行為をやめるよう勧告する。

4　監事がその行為をやめるよう勧告した後も理事に義務違反の事実がある場合には、違反の事実を監査報告書に記載するとともに、監事会で審議の上、理事の責任追及等必要な措置を講じる。

第１項　自己取引・利益相反取引、競業取引

1　監事は、次の事項を調査する。

①　組合と理事との取引の状況、役員の他法人（会社等）役員・他法人業務執行取締役等との兼任の状況及び役員の他法人出資の状況が漏れなく把握される仕組みになっているか

②　当該他法人の事業の種類等及び取引状況により自己取引・利益相反取引、競業取引に該当するか否かの判定が適正になされる仕組みになっているか

・　「自己取引・利益相反取引」とは、理事が自己又は第三者（例えば理事が代表取締役をしている会社）のために組合と取引をすること（直接取引）、及び組合が理事の債務を保証すること

その他理事以外の者との間において組合と当該理事との利害が相反する取引をすること（間接取引）をいう。

「競業取引」とは、理事が自己又は第三者のために組合の事業の部類に属する取引をすることをいう。

・　これらの各取引については、理事会の承認を要するとともに、事業報告書の附属明細書に取引の明細を記載しなければならないので、担当部署が調査を行う。

監事は、その内容について担当部署から説明を受け、適正に処理されていることを確認する。

③　自己取引・利益相反取引、競業取引について、理事会の承認及び報告が必ず行われるよう定款に明示されているか

④　該当取引について、理事会に適法に付議され、特別利害関係理事を除いて適法に決議されているか

承認後、取引に係る事後報告が理事会に適法になされているか

⑤　事業報告書の附属明細書に次の事項が適法に記載されているか

・　役員との間の取引（役員が第三者のためにするものを含む）及び第三者との間の取引で組合と役員との利益相反取引の明細

なお、決算関係書類における「関連当事者との取引に関する注記」に記載された取引は、省略することができる（厚生労働省社会・援護局地域福祉課長通知）。

2　公認会計士等が自己取引・利益相反取引、競業取引について調査を行った場合は、その結果を聴取する。

3　自己取引・利益相反取引については、適法に理事会に付議し承認されても、取引の内容によって組合に損害が生じた場合は、当該理事及び決議に賛成した理事は任務を怠ったものと推定され、損害賠償責任が生じ得る。

監事は、必要に応じ監事会において審議の上、その事実を指摘して損害のおそれがある取引を止めるよう理事に勧告する等の措置をとる。

121

第2項　投機取引の禁止

1　監事は、理事が投機を目的とした取引を行っていないか次のとおり調査し、確認する。

　①　資金の運用についての基本方針・資金運用規程等はあるか

　②　基本方針・資金運用規程等は、法令・定款等に適合しているか

　③　資金の運用に関する範囲・決裁・報告のルールは、明確になっているか

　④　金融機関等に対する基本方針は、明確になっているか

　⑤　資金の運用の手続は、基本方針・資金運用規程等を遵守して行われているか

　⑥　報告は、適時に適切に行われているか

　⑦　投機取引がないか

2　公認会計士等が資金の運用について調査を行った場合は、その結果を聴取する。

3　投機取引によって組合に損害が生じた場合は、当該理事及び決議に賛成した理事は任務を怠ったものと推定され、損害賠償責任が生じ得る。

　　監事は、必要に応じて監事会で審議の上、その事実を指摘してその取引を止めるよう理事に勧告するなどの措置をとる。

第3項　関連当事者との一般的でない取引

1　監事は、次の例示のような一般的でない取引について、報告を受ける仕組みを理事と協議して作り、適時に報告を受ける。

　①　決算期前後の大量取引

　②　取引価格の異常な取引、条件の恣意的変更

　③　無利息、低利、無担保、担保不足、返済期限のない融資、無担保債務保証

　④　不当価格の有価証券取引

　⑤　買戻条件付等の条件付取引

⑥　債権肩代り、債権譲渡、債務免除

⑦　無償・低廉の賃貸借

⑧　組合員発行物の多量購入、多額の広告料支払い

⑨　組合員との独占的扱いの事業取引、等

⑩　反社会的勢力と思われる者との取引

⑪　連合会との通例的取引以外の取引

2　監事は、子会社等又は組合員との取引について、取引の審査、決裁の仕組みにおいて一般的でない取引がチェックできる体制になっているか確認する。

3　監事は、子会社等との取引について、取引内訳表、債権債務明細、保証債務明細等において、年度ごとの金額増減に異常はないか調査するとともに、子会社等の訪問調査の際などに異常な取引の有無を調査する。

4　公認会計士等が一般的でない取引について調査を行った場合は、その結果を聴取する。

5　監事は、決算関係書類における「関連当事者との取引に関する注記」に必要な記載事項が適法に記載されているか確認する。

第4項　補償契約（生協法第31条の6）

1　補償契約とは、役員が職務の執行に関して責任の追及を受けることなどによって、費用（弁護士費用など）や損失（第三者への損害賠償金など）の負担が必要となる場合に、生協が一定の範囲で当該費用・損失を補償することを約する契約である。利益相反的な面があることからその内容の決定には理事会の決議が必要とされる。

　※　生協における締結の実態は少ないが、補償契約に関する監査手順等について概略を紹介する。

2　監事は補償契約の内容等に関し、次の点について確認する。必要に応じ、弁護士等の意見を徴する。

①　生協が役員と補償契約を締結する予定があるか。実際に締結し

たか。

②　当該契約を締結する役員及び契約内容が生協法のルールと整合し、適正な内容であるか。

3　補償契約の内容は理事会で決定することが必要であるから、契約内容が適正に理事会に対して開示された上で議決が行われる必要がある。監事は補償契約の締結の手続に関し、次の点について確認する。

①　補償契約の内容を理事会に対して適正に開示した上で議決を得たか。

②　補償契約を理事会で議決するにあたり、契約の相手方である理事を特別利害関係理事として適正に扱ったか。

4　補償契約は役員の生協に対する損害賠償金については対象とすることができない。また、補償契約の内容の如何にかかわらず、費用のうち通常要する額を超える分、悪意・重過失により負うこととなった第三者に対する損害賠償金などについては、補償することは許されない。監事は、補償契約に基づく補償の実施に関し、次の点について確認する。

①　補償を行った場合に、当該補償に関する重要な事実が理事会に報告されているか。

②　生協の関係部署からの報告や帳票の閲覧等を通じて上記の費用及び賠償金等の明細を確認する。

③　適正な手続を経て補償が行われているかを確認する（法律上、補償の実施につき理事会の議決は必要とされていないが、内部規程上のルールには従う必要がある）。

④　法令上のルールを踏まえ、必要に応じて顧問弁護士や会計監査人等の意見も徴しつつ、その適正及び相当性について検証する。

⑤　役員等への補償を行った後、役員が不正な利益を図り、又は生協に損害を加える目的で職務を執行したことを知った場合に、当該役員等に対する補償金の返還請求など適切な対応が行われてい

るか検証する。

5　補償契約については、締結されている場合の相手方役員の氏名と契約概要、補償を行った場合の所定事項などが事業報告の記載事項とされている。監事は、補償契約関連の開示に関し、監査を通じて得た情報に基づき、以下について確認する。

① 　実際に締結した又は締結予定の補償契約の概要（重要な内容）が適正に記載されているか。

② 　その他必要な事項が適正に開示されているか。

第5項　役員賠償責任保険契約（生協法第31条の7）

1　役員賠償責任保険とは、生協が契約者、役員が被保険者となって保険者（保険会社）と締結する保険で、役員がその責任追及を受ける等によって費用（弁護士費用など）や損失（損害賠償金など）を負担する必要が生じた場合に、その費用・損失の補填を約するものをいう(注)。利益相反的な面があることからその内容の決定には理事会の決議が必要とされる。生協においても締結の事例は多い。

(注)　ただし、次のような保険契約は役員賠償責任保険契約に含まれない。

・　生協に生じた損害の填補を主な目的とする保険契約（例．PL保険）

・　役員の損害が職務上の義務違反等による場合には保険金が給付されない保険契約（例．海外旅行保険）

2　役員賠償責任保険契約の内容は理事会で決定することが必要であるから、契約内容が適正に理事会に対して開示された上で議決が行われる必要がある。監事は当該保険契約の締結の手続に関し、次の点について確認する。

① 　新規締結時、更新時を含め、理事会の議決を得たか。

② 　その際、保険契約の内容として以下の事項が開示されたか。

・　保険会社

- 被保険者の範囲（理事、監事、執行役員、子会社等の役員等）
- 保険料（負担のあり方を含む)^(注)
- 保険期間
- 保険金の支払事由、支払限度額
- 保険金により填補される損害の範囲
- 保険会社の主な免責事由
- 主な特約条項など

（注）　かつては、株主代表訴訟担保特約（同訴訟敗訴時の保険金支払に係る特約）の保険料を生協が支払うことができず、被保険者たる役員等の個人負担とされていたが、現在は、当該特約部分も含めて生協が保険料を負担する旨を理事会で議決すれば問題ないとされている。

③　一部の理事が被保険者である場合、当該役員を特別利害関係理事として適正に扱ったか（理事全員が被保険者である場合は特別利害関係理事の問題は生じない）。

3　役員賠償責任保険契約を締結している生協では、次の事項が事業報告の記載事項とされている。

①　被保険者の範囲
②　当該保険契約の概要（ただし、以下の事項を含む）

- 役員等による保険料の負担割合
- 保険金が給付される保険事故の内容（どのような場合に保険金が支払われるか）
- 当該保険契約によって当該役員の職務の適正性が損なわれないようにするための措置を講じているときは、その措置の内容

監事は、役員賠償責任保険契約に関し、監査を通じて得た情報に基づき、上記に照らして適切に事業報告への記載が行われているかを確認する。

第8節　組合不祥事発生時の対応

第1項　組合不祥事対応の意義及び留意事項

1　組合不祥事への対応は監事の中心的職責であること

　　監事にとって、組合不祥事（法令又は定款に違反する行為その他
社会的非難を招く不正又は不適切な行為をいう。以下同様）が発生
した場合の対応は、非業務執行役員として選任されている組合役員
としての中心的職責である。

　　不祥事の防止は、大きく分けて発生前の対応としての予防・監視
と、発生後の対応としての不祥事の拡大防止とがある。

（1）発生前の対応については、内部統制システムの適切な構築と的
　　確な運用が最も効果的である。監事は業務執行側が行う内部統制
　　システムの実効性について、監査することとなる。

（2）不祥事発生後の対応については、組合の信用の維持の観点から、
　　損害の拡大防止、早期収束、原因究明、再発防止を含む、まさに
　　膿を一気に出し切る抜本的な対応が業務執行側に求められる。か
　　かる理事の業務執行も、監事監査の対象であるところ、理事の善
　　管注意義務の裁量の幅が平時よりも限定されていることが多い。
　　それだけに監事としての監査も厳格に行う必要がある。

2　組合不祥事に対して適切に対応しない監事には法的義務違反が認
　定されうること

　　不祥事の兆候を監査により見つけた監事が、知ったあとの対応を
誤ることで、当該不祥事を放置していたとして、善管注意義務違反
が問われるケースもある。

　　監事は、監査活動の結果として不祥事の兆候を知った場合には、
理事に対して一定の対応を求めるほかに、監事会における審議等も
経て弁護士等に相談した上で、理事会への報告など、とるべき対応
を注意深く検討する必要がある。

　　これらの対応を監事が誤ると、善管注意義務違反による損害賠償

127

責任（他の役員も責任を負う場合は連帯責任）が、監事に課される事態にも発展する可能性がある。

第 2 項　発生時の対応

1　事実の把握及び拡大防止・適切な開示等の対応に関する監視・検証

　　監事は、組合不祥事が発生した場合、

①　直ちに理事等から報告を求める。

②　必要に応じて調査委員会の設置を求め調査委員会から説明を受け、当該組合不祥事の事実関係の把握に努める。

③　原因究明、損害の拡大防止、早期収束、再発防止、対外的開示のあり方等に関する理事会及び調査委員会の対応の状況について、理事が善管注意義務に則り適切に対応しているか、監視し検証する。

　　なお、上記は、組合不祥事が一部職員の不正など業務執行側が行う対応策の監視検証で済む場合であり、それ以外の場合には下記 2 以降の対応を検討する。

2　重大な企業不祥事の芽を掴んだ状況での弁護士を関与させた委員会立ち上げなど

　　監事は、理事など組合幹部が関与しその法的責任が問われうる重大な組合不祥事（以下「重大な組合不祥事」という）の場合、監事会においても審議の上、必要に応じ、弁護士等を関与させた上で、原因究明及び再発防止等を行う委員会の設置を勧告するなど、適切な措置を講じる。

　　監事の基本的職責は、組合の健全で持続的な成長を確保し社会的信頼に応えるガバナンスを確立することである。業務執行者だけで対処するのでは利益相反の懸念がある場合への対応が監事には求められている。組合不祥事では業務執行者に対する責任追及を伴うことも多いことから、重大な組合不祥事があった場合に、監事が、当

該組合不祥事に利害関係のない者でかつ組合に対して法的に善管注意義務を負っている者として、さらには組合内の事情に精通した者として、業務監査権限等を行使し、対外的信頼の回復に向けた原因究明や再発防止に向けた意見を述べることは、監事に求める中心的職責である。

3　組合不祥事対応における弁護士等への相談

　　組合不祥事の芽を発見した監事は、自らの善管注意義務を果たす上で、さらにその背後にある自らの法的責任を理解しておくためにも、弁護士等への相談を積極的に行う。

　　監事がその職務を行うための弁護士相談費用は、監事が職務に関して依頼した以上、基本的に組合負担となる。

4　第三者委員会に対する監事監査など

　　第三者委員会が設置された場合、監事は、第三者委員会の設置の経緯及び対応の状況等について、早期の原因究明の要請や当局との関係等の観点から適切でないと認められる場合を除き、当該委員会から説明を受け、必要に応じて監事会への出席を求める。

①　関係者から第三者委員会の立ち上げの経緯、委員選定の理由等の説明を受け、利益相反の懸念を持たれることなく組合の自浄作用を早期に果たすという観点から何か指摘すべき点があれば意見を述べる。

②　第三者委員会の状況等の把握に努める。ただし、早期の原因究明の要請や当局との関係等の観点から、監事の第三者委員会への情報アクセスが制約されることがあり得る。かかるアクセス制限は、不祥事の早期解決と組合のさらなる損害の拡大を防ぐなどの観点から合理的なものである限り、監事としても受忍する。

③　組合の自浄作用を働かせようという第三者委員会側の真摯な活動に対して、業務執行側から有形無形の不合理な妨害が入っていると認められる場合、監事としてその排除に向けた必要な措置をとる。

④　第三者委員会の調査結果を踏まえ、生協法などに従ってとるべき必要な措置等がないかを検討する。

第9章
会計監査、決算監査

第1節　決算関係書類及び事業報告書並びにこれらの附属明細書の監事監査

第1項　決算関係書類及び事業報告書並びにこれらの附属明細書と参考資料としての連結決算関係書類の作成

1　組合は、生協法及び同施行規則の定めに従って、各事業年度の決算関係書類及びその附属明細書、並びに事業報告書及びその附属明細書を作成しなければならない。

2　決算関係書類とは、次の書類をいい、組合の財産及び損益の状況を示すために必要かつ適当な「注記」を付さなければならない。

①　貸借対照表

②　損益計算書

③　剰余金処分案又は損失処理案

3　連結決算関係書類とは次の書類をいい、組合と子会社等の組合集団の状況を示すものである。この書類は法的には要求されていないが、生協と子会社等から成る組合集団全体の財務・経営の状況を適正に把握する上では重要な参考書類であり、必要な場合はその作成を求め、開示を要請する必要がある。

　　実践的には組合が子会社等を利用して利益操作や不当な配当等が行われていないかを監査する上では重要な参考書類となる。

①　連結貸借対照表

②　連結損益計算書

③　連結純資産変動計算書

第2項　監事監査

1　監事の監査事項

(1) 監事は、以下の書類を監査する。

① 各事業年度に係る決算関係書類及び事業報告書並びにこれらの附属明細書

② 連結決算関係書類が作成された場合は、当該書類

(2) 監事は（1）の監査の結果、監査報告において次の意見表明を行う。

1）事業報告書及びその附属明細書について

① 事業報告書及びその附属明細書が法令又は定款に従い、組合の状況を正しく示しているかどうかについての意見

② 理事の職務の遂行に関し、不正の行為又は法令若しくは定款に違反する重大な事実があったときはその事実

③ 監査のため必要な調査ができなかったときは、その旨及びその理由

④ 内部統制システムに係る理事会決議がある場合に、その内容が相当でないと認めるときは、その旨及びその理由

⑤ 理事会決議がない場合においても、内部統制システムに重大な欠陥があるときは、その旨及びその理由

2）決算関係書類について

① 決算関係書類及びその附属明細書（剰余金処分案又は損失処理案を除く）が組合の財産及び損益の状況をすべての重要な点において適正に表示しているかどうかについての意見

② 剰余金処分案又は損失処理案が、法令又は定款に適合しているかどうかについての意見

③ 剰余金処分案又は損失処理案が、当該組合の財産の状況その他の事情に照らして著しく不当であるときはその旨

④ 監査のため必要な調査ができなかったときは、その旨及びその理由

⑤　追記情報（次に掲げる事項その他の事項のうち、監事の判断に関して説明を付す必要がある事項又は決算関係書類及びその附属明細書の内容のうち強調する必要がある事項）

　・　会計方針の変更

　・　重要な偶発事象

　・　重要な後発事象

第3項　決算報告に係る内部統制の監査

1　決算関係書類の適正性、信頼性を確保するためには、これらを作成するための適正な体制による適正な作成プロセスが極めて重要であることから、監事は、理事が決算関係書類の適正な作成及び報告のために、必要かつ適切な体制を構築し運用しているかを監視し検証する。

2　決算関係書類作成のための内部統制

公認会計士等の監査を実施している組合においては、公認会計士等が行う決算関係書類の監査に際して、決算関係書類に重要な虚偽表示をもたらすリスクの可能性等を考慮し、公認会計士等によって当該書類の適正な作成のための内部統制等の検証・評価が行われるので、監事が公認会計士等の監査の方法と結果の相当性を判断する際には、公認会計士等が決算関係書類作成のための内部統制等を検証し、それによる重要な虚偽表示のリスク度合い等を勘案した適切な監査計画に基づく監査の方法を実施し、その結果の意見表明を適切に行っているかといった観点を含めて判断することとなる。

監事は、公認会計士等の監査の方法と結果の相当性に関する監査を通じて、理事が決算関係書類の適正な作成及び報告のために必要かつ適切な体制を構築し運用しているかを検証する。

3　監事は、決算関係書類及び事業報告書並びにこれらの附属明細書の適正性の監査にあたって、あらかじめ次の事項を把握し、表示の適正性に影響を及ぼすおそれ（不適正な表示が生じうるリスク）の

有無・度合いを判断する。

　監事は、公認会計士等の監査の有無にかかわらず、決算報告に係る内部統制が適切であるかどうかを監査しなくてはならないが、監事が行う監査は、具体的な場面に応じた適切な水準による方法でよく、監事は次の事項を確認・検討して決算報告に係る内部統制の構築・運用の状況を把握し判断する。

①　決算報告に係る内部統制の構築を担当する組織（又は機能を有する所管部署・担当者）から、構築している決算報告に係る内部統制に関する内容及び運用の状況についての説明を受ける。

②　内部監査部門等から、決算報告に係る内部統制の有効性の評価に係る作業を実施した場合の内容について説明を受ける。

③　作成された決算関係書類(参考資料の連結決算関係書類を含む)の内容について、当該書類作成担当部門から説明を受け、監事が日常把握している組合内部の経営実態・重要情報との間で違和感がないか確認する。

④　公認会計士等から、本実施要領第5章第3節「公認会計士等との連係及び会合」に記載の要領により会計監査の方法及び結果並びに監査に際して把握した重要事実の報告を受ける。

第2節　決算関係書類及びその附属明細書の適正性監査のために監事があらかじめ把握する事項

1　監事は、決算関係書類及びその附属明細書の適正性の監査にあたって、あらかじめ以下の事項を把握し、表示の適正性に影響を及ぼすおそれ（不適正な表示が生じうるリスク）の有無・度合いを判断する。

（1）決算報告に係る内部統制の構築・運用状況（前節第3項参照）

（2）子会社等組合集団の統制環境の状況

　　次に例示のような事項について把握し、不適正な表示をもたらす圧力がないか、また、業務執行が適正に遂行される状況にある

か確認する。

- 代表理事の意向・姿勢、経営計画、経営方針、当年度の事業計画等の状況
- 理事会の機能状況、業務執行の組織構造・権限及び意思決定プロセスの状況、等

(3) 公認会計士等の監査計画及び職務遂行の適正確保体制等

公認会計士等と監査計画策定時の会合をもち、公認会計士等の監査計画に係る諸情報を把握するとともに、公認会計士等の職務遂行の適正確保体制等における、公認会計士等の独立性その他会計監査業務実施の際の品質確保の体制・監査法人内部での審査の体制等の品質管理体制に関する説明を受け（前期の会計監査報告に際して説明を受けている場合は、その内容に変化がないか確認）、当期の公認会計士等の監査遂行状況についての監視・検証の基礎とする。

(4) 会計方針（会計処理の原則及び手続並びに表示の方法その他決算関係書類及びその附属明細書作成のための基本となる事項）

1）会計方針が組合財産の状況、決算関係書類及び事業報告書並びにこれらの附属明細書に及ぼす影響、適用すべき会計基準及び公正な会計慣行等に照らして適正であるかについて、公認会計士等の意見を徴して検証する。必要ある場合は、理事に対して助言又は勧告を行う。

2）組合が会計方針を変更する場合は、あらかじめ変更の理由及びその影響について報告するよう理事及び職員に求め、その変更の当否について公認会計士等の意見を徴し、その相当性について判断する。

(5) 適用する会計基準

1）生協法及び同施行規則で、組合が適用する会計については、原則として、一般に公正妥当と認められる会計の慣行に従わなければならない。

2）公認会計士監査を受けていない中小規模の組合は、適用する会計の基準を「中小企業の会計に関する指針」（企業会計基準委員会ほか）によることができるとされているので、組合が適用する会計の基準の妥当性について判断する。

(6) 連結範囲（連結決算関係書類の作成を行う場合）

1）連結決算関係書類の作成にあたっては、組合集団の実態を正確に反映するため、恣意的な連結はずし等が行われないよう、連結の範囲に含めるべき子会社等はすべて含める必要がある。

2）連結の範囲について、監事は次のとおり調査する。

① 連結の範囲に含めるべき会社、持分法を適用すべき会社は各々すべて含まれているか（組合集団内のすべての子会社を連結対象とすることが大原則）

② 支配が一時的又は連結範囲に含めると利害関係者の判断を誤らせるおそれがある会社は連結対象から除かれているか

③ 資産、売上高、損益等からみて重要性が乏しいとして連結の範囲から除く会社に関しては、適正に判断されているか、特に業績不振の会社等、恣意的な連結はずしが行われていないか

④ 連結子会社の連結に係る重要な事実については、監事は連結決算関係書類の監査の際に必要事項が適正に記載されているか検証する。

3）上記の１）、２）を踏まえ、監事は、連結範囲について理事及び公認会計士等と協議し、必要に応じて理事に助言・勧告を行う。

第3節　期中の会計監査

第1項　月次の会計監査

1　監事は、月次の貸借対照表及び損益計算書等について担当理事及び職員から説明を受け、予算、前年同月及び前月との対比等の数値

の変動状況と監事の日常監査・内部統制システムに係る監査及び公
認会計士等・内部監査部門等との連係等で把握した組合の業務及び
財産の状況とを照合する等により検証する。
2　監事は、月次の貸借対照表及び損益計算書等から得た情報につい
て、必要に応じ実地調査等により実情を確認する。
3　月次の貸借対照表及び損益計算書等の状況把握の継続が、期末決
算各々の内容の適正性・信頼性並びに公認会計士等の監査の方法及
び結果の相当性の判断の基礎となることに留意する。
4　業績数値に大きな影響を及ぼす事実が発生した場合、適時に必要
な情報の開示がなされているかを監視し検証する。

第4節　期末監査

第1項　期末監査の事前準備

1　監事は、生協法、同施行規則、税法、企業会計基準、日本公認会
計士協会の実務指針等の改正状況について、日本監査役協会、日本
公認会計士協会等から提供される情報の入手、講習会出席、組合の
経理部門からの説明聴取等により、当期決算に適用すべき法令、会
計基準等について確認する。
2　監事は、総(代)会関係日程（決算会計処理関係日程及び公認会計
士等の期末監査日程を含む）を入手し、その内容が法令・定款に適
合していることを確認する。
　　決算基準日以後、公認会計士等及び監事の監査を経て決算関係書
類及び事業報告書並びにこれらの附属明細書の理事会の承認を得る
までの日程は概ね次のように進むことが想定される。
　　（以下、特定理事とは、決算関係書類及び事業報告書並びにこれ
らの附属明細書に係る公認会計士等の会計監査報告及び監査報告の
通知を受ける者として定められた理事、特に定められない場合は決
算関係書類及び事業報告書並びにこれらの附属明細書の作成に関す
る職務を行った理事をいう。特定監事とは、会計監査報告の内容の

通知を受け、又は、監査報告の内容を特定理事・公認会計士等に通知する監事として定められた監事をいう。特定監事を選定しない場合はすべての監事が特定監事となる。特定監事の選定については、第1章第4節参照）

(1) 決算作業、公認会計士等による検証

決算関係書類作成などの決算作業と併行して、公認会計士等による決算処理の検証が行われる。

(2) 決算関係書類及び事業報告書並びにこれらの附属明細書の作成

生協法では、理事が決算関係書類及び事業報告書並びにこれらの附属明細書を作成後、監査のために監事や公認会計士等に提供する前の理事会承認は義務付けていない。

(3) 決算関係書類及び事業報告書並びにこれらの附属明細書の受領

監事と公認会計士等は、決算関係書類及びその附属明細書を同日に受領する。

また、監事は、事業報告書及びその附属明細書を受領する。

(3) の日程について生協法上の規制はなく (2) により作成され次第、理事から受領することとなり、決算関係書類及びその附属明細書、事業報告書及びその附属明細書を異なる日程で受領することもある。

なお、異なる日程で受領する場合は、監査報告の提出期限を考慮して、期限の延長の合意が必要か否か検討する。

(4) 公認会計士等の会計監査報告の通知

規約に定めた期限（決算関係書類を受領した日から4週間を経過した日までにと定めた場合はその日）までに、公認会計士等は監査法人内部の審査を経て会計監査報告の内容を特定監事及び特定理事に通知する。

（「受領した日から4週間を経過した日」とは、受領した日の翌日から起算し4週間を満了した日の翌日をいう。例えば、5月1日（火）に受領した場合は、5月30日（水）が4週間を経過し

た日となる。以下同様）

　通常は、公認会計士等からの監査報告会を開催し、当日付けで会計監査報告の通知がなされることが想定される。

　同時に公認会計士等は、「会計監査人の職務の遂行が適正に実施されることを確保するための体制に関する事項」を特定監事に通知する（当該通知が監査計画策定時等において既に通知されている場合は省略されることがあるので、監事は既に受けている通知内容に変更がないことを確認する）。

(5)　事業報告書及びその附属明細書に係る監事の監査報告の通知

　(3)の事業報告書を受領した日から4週間、その附属明細書を受領した日から1週間を経過した日（特定理事及び特定監事の合意で延長可）までに、特定監事は事業報告書及びその附属明細書に係る監査報告の内容を特定理事に通知する。

　この監査報告は、次の(6)の監査報告と一体で作成可能であるが、その場合は、通知期限について延長の合意が必要となることがある。

(6)　決算関係書類及びその附属明細書に係る監査報告の通知

　公認会計士等の監査を受けている場合は(4)の会計監査報告を受領した日から1週間を経過した日（決算関係書類に関しては特定理事、特定監事の合意で延長可）、公認会計士等の監査を受けていない場合は(5)と同様の期日までに、特定監事は、決算関係書類及びその附属明細書に係る監査報告の内容を特定理事及び公認会計士等に通知する。

　なお、(5)と(6)の各監査報告は一体として作成し通知してもよい。(4)から(6)の公認会計士等及び監事の監査の期間は、監査期間を確保する必要があるので、(5)と(6)の監査報告を一体で作成する場合に必要に応じて通知期限延長の合意を行うが、実態上、各々の監査を効率的に遂行し期限内に監査報告を通知することは差し支えない。

（7）決算関係書類及び事業報告書並びにこれらの附属明細書の理事
会承認

（4）から（6）の監査済みの決算関係書類及び事業報告書並び
にこれらの附属明細書を理事会に付議し承認を得る。

監事による監査報告が各々の通知期限日までに通知されない場
合でも、各々の監査を受けたものとみなされる。

（総（代）会の招集通知は総（代）会の日の10日前までに通知を発
しなければならない。総（代）会招集通知発信の事務手続を勘案し、
決算関係書類及び事業報告書並びにこれらの附属明細書の承認・
総（代）会議題決議の理事会は余裕を持って開催される必要があ
る）

3　監事会において、予定されている上記2に係る日程の適法性を審
議するとともに、総（代）会終了後までの、監事の期末決算監査及び
総（代）会に係る監査の日程、監査事項、方法、分担等並びに監事会
の開催日程を決定する。

4　監事は、期中監査結果を整理するとともに、未消化の監査事項の
実施及び内部統制システムに係る期末に必要な監査その他期末に実
施すべき監査を実施する。

（本実施要領第7章「内部統制システムに係る監査」及び同第10
章第2節第1項「年間の監査活動の整理、期末監査実施、監査調書
作成、監査結果のまとめ」参照）

5　監事は、代表理事との会合又は個別対話並びに担当理事から説明
を受ける等により、事業報告書の「（組合が）対処すべき重要な課題」
に前回記載された事項の遂行状況や今年度に記載する内容について
の見解、「組合に著しい損害を及ぼすおそれのある事実」の有無等
について確認する。

6　監事は、組合の決算処理方針（会計基準適用方針、会計方針変更
の有無、特別損益、税効果会計、減損会計、退職給付会計、その他
特記事項等）について、決算処理が進行する前に理事及び職員から

説明を受け、必要に応じて公認会計士等の意見を徴して、その適正
性を検証する。

第2項　決算関係書類及び事業報告書並びにこれらの附属明細書の受領及び監査

1　監事は、特定理事から決算関係書類（貸借対照表・損益計算書・
剰余金処分案又は損失処理案）及び事業報告書並びにこれらの附属
明細書を受領する。附属明細書の受領の日程は、他の書類より多少
遅れることもあり得る。

　　決算関係書類及び事業報告書並びにこれらの附属明細書を理事か
ら受領するのは法令上は各監事であり、理事が監事人数分の書類を
用意し、全監事が書類を受領した日の翌日が監査期間の起算日とな
るが、実務上、特定監事が受領し他の監事に送付することで通知す
ることとしてもよい。（連結決算関係書類を作成している場合は、
参考資料として受領することが望ましい）

2　監事は、受領した決算関係書類及び事業報告書並びにこれらの附
属明細書について、担当理事及び職員から内容の説明を受け、次の
事項を監査する。

第1　決算関係書類及びその附属明細書の監査

監事は、受領した決算関係書類について、以下のとおり調査する。

(1)「貸借対照表」の調査

　① 資産が実在していることの確認

　　現金残高、預金の残高証明書、受取手形、有価証券、売掛金、
貸付金等の残高確認、期末棚卸表、固定資産台帳等の確認（公
認会計士等の監査においては、これらの確認は公認会計士等が
実施するので、監事は、公認会計士等の監査実施状況を確認す
ることでよく、監事が重複して調査を行う必要はない）

　② 受取手形、売掛金、貸付金等の債権の残高の異常な増減及び

　　　回収可能性の確認

③　貸倒引当金の計上に際しての分類・算定の妥当性の確認

④　有価証券の時価評価、減損の必要性の確認

⑤　棚卸資産の評価減の必要性、不良在庫・過剰在庫の確認

⑥　有形固定資産の遊休・減損・廃棄・除却等の処理の妥当性の確認

⑦　固定資産の減損会計の場合、資産のグルーピング・減損の判定の確認

⑧　税効果会計の場合、繰延税金資産の回収可能性の見直しの確認

⑨　繰延税金資産・負債の計上がない場合、一時差異の重要性確認

⑩　負債の計上に漏れがないことの確認

⑪　計上すべき引当金の計上に漏れがないことの確認

⑫　退職給付債務の会計処理の確認

　　　等

(2)　「損益計算書」の調査

①　決算直前の月次損益計算書と期末の損益計算書の金額に関し大きな乖離の有無の確認

②　期末に計上された収益・事業高は、当期に帰属すべきものかの確認

　　　架空供給、前倒し供給、買戻し供給等の有無の確認

③　特定の部門、商品について供給・仕入高の急増の有無の確認

④　費用の計上漏れ、経費の先送りの有無の確認、請求書の未計上　等

⑤　事業損益、事業外損益、特別損益のうち、特殊な事項の内容の確認

⑥　法人税、住民税、事業税、法人税等調整額の内容の確認（課税所得計算の「確定申告書別表四」の説明を経理部門から受け

る）

等

(3) 注記の調査

① 重要な会計方針及び会計方針の変更の記載について、変更の理由及び変更の影響額の記載を含めて、適正に記載されているかの確認

② 表示方法の変更（重要なもの）について、変更の内容及び変更の理由が適正に記載されているかの確認

③ 会計上の見積りの変更（重要なもの）について、変更の内容及び変更の影響額等が適正に記載されているかの確認

④ 誤謬の訂正について適正に記載されているかの確認

⑤ 保証債務、担保設定等の注記事項の確認
　　理事会決議又は稟議書決裁の確認

⑥ 子会社等との債権・債務・取引について、対象となる関係会社の判定、取引の内容の確認

⑦ 関連当事者との取引（子会社等・理事等との一般的でない取引）に関する注記の記載の適正性の確認

⑧ 重要な後発事象の記載内容の確認

(4)「附属明細書」の調査

① 決算関係書類に係る附属明細書における固定資産の明細・引当金の明細・販売費及び一般管理費の明細の記載内容の確認

② 前事業年度のキャッシュ・フロー計算書との金額の大きな変動とその原因の確認

③ 資金の余裕度合いと効率性の確認

(5)「連結決算関係書類」の調査（提供された場合）

① 連結範囲の確認

② 組合集団各社の個別決算関係書類の適正な作成に関する確認
　　連結決算関係書類の信頼性確保のためには、組合集団各社の決算関係書類が適正に作成される必要があるので、監事は、第

8章第6節による子会社等の調査の実施並びに公認会計士等による子会社等の調査と連係をとる等により、組合集団全体の内部統制システムの構築・運用状況や、適正な会計処理体制の構築状況等について期中に調査を進めておく。

③　適用されている会計基準及び連結会計処理の原則・手続等は適正か、連結会計方針の変更があるか、変更の場合にその変更は適正かの確認

④　各勘定科目は、組合集団全体の経営状況等を正しく反映しているか、前年比、大きく増減のあるものの内容の確認

⑤　「連結純資産変動計算書」の調査
・　各項目の「当期首残高」と、前事業年度の連結純資産変動計算書の「当期末残高」との一致の確認（過年度損益の修正を行った場合には一致しない場合もある）
・　各項目の「当期末残高」と貸借対照表の表示金額との一致の確認
・　「当期純利益」と損益計算書の表示金額との一致の確認
・　連結純資産の変動事由の表示の適切性の確認

⑥　組合単体で十分な剰余金の割戻し（利用割戻し・出資配当）財源が確保されているが、連結ベースで十分でなく、かつ、その状況が翌期以降も危惧される状態でないかの確認
等

(6)「剰余金処分案若しくは損失処理案」の調査
剰余金処分案（又は損失処理案）が、法令・定款に適合しているかについては、重要な事項なので、その適法性について公認会計士等の意見を確認する。

①　剰余金処分案（又は損失処理案）が、法令・定款に適合しているかどうか
法定準備金、福祉事業積立金、目的積立金、別途積立金への処分案の適正性確認

②　剰余金処分案（又は損失処理案）が、組合財産の状況、当期業績の状況、全国的な組合の状況、資金繰りなどの事情に照らして、著しく不当ではないかの確認

　剰余金の割戻しは、組合財産の状況等に照らして、著しく不当でないか。

③　子会社等がある場合、（5）⑥記載の連結ベースでの割戻し財源に関して確認

第2　公認会計士等との連係

　上記第1の決算関係書類及びその附属明細書の調査にあたって、監事は、会計部門の決算作業遂行と併行して実施される公認会計士等による個別決算の検証及び連結決算の検証への立会い、会計部門に対する公認会計士等による監査講評の内容聴取、決算監査に関する公認会計士等と監事(会)との情報交換等を適宜実施し、公認会計士等の意見を求める等、連係して監査の実効性を上げる。

第3　事業報告書及びその附属明細書の監査

（1）事業報告書の記載事項

　事業報告書は、次に掲げる事項をその内容としなければならない。

①　組合の事業活動の概況に関する事項

　㋑　当該事業年度の末日における主要な事業活動の内容

　㋺　当該事業年度における事業の経過及びその成果

　㋩　当該事業年度における次の事項についての状況

　　・　増資及び資金の借り入れその他の資金調達

　　・　組合が所有する施設の建設又は改修その他の設備投資

　　・　他の法人との業務上の提携

　　・　他の会社を子法人等及び関連法人等とすることとなる場合における当該他の会社の株式又は持分の取得

- 事業の全部又は一部の譲渡又は譲受け、合併その他の組織の再編成
(ニ)　直前三事業年度の財産及び損益の状況
(ホ)　対処すべき重要な課題
(ヘ)　前各号に掲げるもののほか、当該組合の現況に関する重要な事項
② 　組合の運営組織の状況に関する事項
(イ)　前事業年度における総(代)会の開催状況に関する事項
- 開催日時、出席組合員(総代)の数、重要な事項の議決状況
(ロ)　組合員に関する事項
- 組合員の数及びその増減、出資口数及びその増減
(ハ)　役員に関する事項
- 氏名、職制上の地位及び担当、他の法人の代表者等であるときはその重要な事実
- 補償契約を締結しているときは当該役員の氏名、契約の概要、対応費用を補償した場合に当該役員に法令違反や責任があることを当該事業年度内に知ったときはその旨、損害賠償金や和解金を補償した場合はその旨・補償金額
- 当該事業年度中に辞任した役員があるときはその氏名及び生協法30条の3第3項において準用する会社法345条第1、2項に該当する監事の選任・解任又は辞任に関する意見及び理由
(ニ)　役員賠償責任保険契約を締結しているときは被保険者の範囲、契約の概要（保険料の負担割合、保険給付の対象となる保険事故の概要等を含む）
(ホ)　職員の数及びその増減その他職員の状況
(ヘ)　業務の運営の組織に関する事項
- 内部組織の構成を示す組織図、緊密な協力関係にある組

合員が構成する組織の主要なものの概要
　(ト)　施設の設置状況に関する事項
　　　・　主たる事務所、従たる事務所及び組合が所有する施設の
　　　　種類ごとの主要な施設の名称及び所在地
　(チ)　子法人等及び関連法人等に関する事項
　　　・　子法人等及び関連法人等の区分ごとの重要な法人の商号
　　　　又は名称、代表者名及び所在地、資本金の額、保有する議
　　　　決権の比率、主要な事業内容その他法人の概況
　(リ)　前各号に掲げるもののほか、当該組合の運営組織の状況に
　　　関する重要な事項
　③　その他組合の状況に関する重要な事項（決算関係書類の内容
　　となる事項を除く）
　　　内部統制システムの体制の整備についての決定又は決議の内
　　容の概要等（決定又は決議がされていない場合は、記載する必
　　要はない）
(2)　事業報告書の附属明細書の記載事項
　　事業報告書の附属明細書は、事業報告書の内容を補足する重要
　な事項として次の事項をその内容としなければならない。
　①　当該事業年度に係る役員の報酬等の総額並びに、当該総額に
　　係る理事及び監事の区分ごとの内訳
　②　役員が他の法人等の理事、監事、取締役、監査役、執行役又
　　は業務を執行する社員を兼務している場合、その氏名、兼務の
　　法人の名称及び地位
　③　役員との取引の明細
　　　役員との取引及び第三者との間の取引で当該組合と役員の利
　　益が相反するものについての当該取引の内訳、取引の内容及び
　　当期取引額、主要な取引内容ごとの金銭債権及び金銭債務につ
　　いての前期末残高・当期末残高及び当期増減額
　　　これらの内容をすべて事業報告書に記載し、附属明細書に記

載すべき事項がないとする場合でも、その旨を記載した「附属明細書」を作成し、組合に備え置く必要がある。

(3) 事業報告書及びその附属明細書の監査

監事は、事業報告書及びその附属明細書について、上記の記載事項に照らして、

① 内容が法令及び定款に従った適法なものか

② 記載すべき事項で記載漏れはないか

③ 記載内容は正確で明瞭であるか

という観点で調査を行う。

（内部統制システムに係る事業報告書記載事項の調査について、第7章第6節「期末における内部統制システムの構築・運用の状況の判断及び事業報告書の記載に係る監査」参照）

第4　公認会計士等の会計監査報告の受領

1　特定監事は、公認会計士等が決算関係書類の全部を受領した日から4週間、決算関係書類の附属明細書を受領した日から1週間を経過した日、又は特定理事、特定監事、公認会計士等の間で合意により定めた日のいずれか遅い日までに、公認会計士等から決算関係書類及びその附属明細書についての会計監査報告の通知を受ける。

2　会計監査報告の通知に際して公認会計士等が「会計監査人の職務遂行の適正確保体制」について特定監事に通知するとされているが、この通知は、すべての監事が当該事項を知っており、かつ、公認会計士等の品質管理に関する規則に重要な変更がない場合は通知が省略されることがあるとされているので、既に監査計画策定時等の際に通知を受けている場合は、改めて通知を受領する必要はなく、次の3の会合の場で内容を確認する。

3　上記1の通知を受ける場合、監事は公認会計士等との会合をもち、会計監査報告書及び会計監査の方法及び結果の概要に関する説明書等の資料を受領し、これらに基づき、公認会計士等の監査内容の説

明を受け、情報・意見の交換及び協議を行う。

① 　公認会計士等による監査実施状況

② 　公認会計士等の会計監査報告の記載内容

　　　監査意見、不正・誤謬・違法行為・内部統制システムの不備等、重要性のない未修正の事項とそれについての公認会計士等の判断、重要な後発事象の内容と決算への影響、追記情報に関する事項

③ 　「会計監査人の職務遂行の適正確保体制」の状況等

　　　期初又は前期までに受領した通知内容に変更がなかったか、通知内容に従った品質管理体制の整備がなされているか、通知内容に従った監査を実施したかどうか等

④ 　公認会計士等の意見表明に係る審査の結果

⑤ 　監事監査の実施状況及び会計監査の参考となる情報

第3項　監査報告の作成・提出

1 　各監事は、上記第2項の決算関係書類及び事業報告書並びにこれらの附属明細書の監査、公認会計士等の会計監査報告に係る監査、その他期末における内部統制システムに係る監査を含む期中・期末の監査を終了したときは、決算関係書類及び事業報告書並びにこれらの附属明細書の監査の結果についてまとめる。

2 　監事は、上記1において、期中から期末までの公認会計士等の職務遂行の適正確保体制、監査方針・計画、監査日数・時間、監査の方法、監査結果の報告内容等と監事自らの監査内容とを照らし合わせ、公認会計士等の監査の方法及び結果の相当性を判断する。

　　　監事が、公認会計士等の監査の方法と結果の相当性判断に際して、問題があると感じた場合は、自ら必要な調査を行い、監査会に公認会計士等の監査の方法と結果を相当でないと認めた旨及び理由並びに自ら行った監査の方法の概要又は結果を報告し、監事会において公認会計士等の監査の方法及び結果の相当性について審議する。(本

実施要領第5章第4節「公認会計士等の監査の相当性の判断」参照）

3　監事会は、各監事の監査結果に基づき審議の上、各監事の意見が一致した場合には監事連名の監査報告書を作成する。意見不一致の場合には、意見の一致しない監事は独自の監査報告書を作成し、一致した監事は連名での監査報告書を作成する。

4　特定監事は、作成した監査報告書について、次の通知期限までに監査報告の内容を通知する。

（通　知　先）特定理事

（通知期限）

（イ）決算関係書類及び事業報告書の全部を受領した日から4週間を経過した日

（ロ）附属明細書を受領した日から1週間を経過した日

（ハ）特定理事と特定監事が合意し定めた日

のいずれか遅い日（合意すれば、期限を延長することができる）

・　これらの監査報告は、各々の区分ごと、あるいは一体として作成することができる。一体化して作成した監査報告の通知先及び通知期限は各区分の各々の要件全体を満たす必要がある。

5　作成した監査報告書は、通知期限内に特定理事に提出することで通知を行い、以降の理事会における監査報告、総（代）会における組合員（総代）への提供及び組合の備置義務に供するとともに、公認会計士監査規約により公認会計士等への通知を必要とする監査報告書は、通知期限内に公認会計士等に送付する。

第4項　決算関係書類及び事業報告書並びにこれらの附属明細書承認の理事会における監査報告と総（代）会議題確定

1　決算関係書類及び事業報告書並びにこれらの附属明細書についての理事会における承認

監事の監査を受けた決算関係書類及び事業報告書並びにこれらの

附属明細書は、理事会の承認を受けなければならない。

2　総(代)会議決事項

　　理事会の承認を受けた決算関係書類及び事業報告書は、監査報告を付して通常総(代)会に提出し、その承認を求めなければならない。

　　また法定ではないが情報開示の観点から、これらの附属明細書も併せて通常総(代)会に提出する必要がある。

3　監査報告の内容は、決算関係書類及び事業報告書並びにこれらの附属明細書承認の理事会開催前の所定の通知期限までに特定監事から特定理事に通知されているので、監事の監査結果の報告については、当該理事会において、理事から報告されることとなるが、理事に代わって監事から監査結果を報告する場合もある。多くの場合、特定監事が報告することとなるが、特定監事を定めていないときは、報告者を監事会で定める。

4　監事は、監査報告及び公認会計士等の会計監査報告について、理事会においてその内容が報告されたことを確認する。

　　監査報告は各々の通知期限日までに通知がなされないときでも、各々の監査を受けたものとみなされる。

5　総(代)会の招集の日時・場所及び提出議案が法令・定款に適合し、かつ、適正に理事会で承認されたことを確認する。(第11章「総(代)会」参照)

第10章
監査報告の作成・提出

第1節　監査報告の作成、組合員への提供、備置閲覧

1　監事は、決算関係書類及びその附属明細書を受領したとき、又は
事業報告書及びその附属明細書を受領したときは、監査報告を作成
する。

2　各監事からの監査結果の報告に基づき、監事会で審議した結果、
各監事の意見が一致するときは、監事連名の監査報告書を作成する
ことができる。ただし、監査意見が異なる監事は、個別に監査報告
書を作成しなければならない。

　　生協法には「監事会」に関する規定がなく、監査報告は「監事」
が作成しなければならないと規定している。したがって、定款で監
事会の設置を定めていても、法定の機関ではないので、各監事の監
査意見が一致して一通の監査報告書を作成する場合も監事会に作成
権限がなく、監事連名の監査報告書でなければならない。

3　監事が作成する監査報告は、決算関係書類及びその附属明細書に
係る監査報告では、「決算関係書類の適正性についての監事の意見」
を、また、事業報告書及びその附属明細書に係る監査報告では「事
業報告書の適正性についての監事の意見」及び「理事の職務の遂行
についての監事の監査の結果」を組合員に報告することを主要な内
容とする。

　　監査報告を作成して監事が意見表明を行うことは、監事の義務で
あるとともに法定の権限である。

4　監事が作成する監査報告の区分及び通知期限、組合員（総代）へ
の提供、備置・閲覧の要否は次のとおり。

(1) 事業報告書及びその附属明細書に係る監査報告

［通知期限］

　監査報告を

・　事業報告書を受領した日から４週間を経過した日

・　附属明細書を受領した日から１週間を経過した日

・　特定理事及び特定監事の間で合意した日

のいずれか遅い日までに特定監事から特定理事に通知する。

　（「受領してから４週間を経過した日」とは、受領した日の翌日から起算し４週間を満了した日の翌日をいう。例えば、５月１日（火）に受領した場合は、５月30日（水）が４週間を経過した日となる。以下同様）

［組合員（総代）への提供］

　組合は、監査報告を、総(代)会招集通知に添付して組合員（総代）に提供する。総(代)会招集通知は、総(代)会の10日前までに発送される。「10日前まで」とは、総(代)会開催日の前日を起算日として丸10日のさらに前の日であり、例えば６月16日（火）が総(代)会日の場合は６月５日（金）までに発送する。

［備置・閲覧］

　組合は、監査報告を組合員及び債権者の閲覧に供するために、総(代)会の２週間前から、主たる事務所に５年間、その写しを従たる事務所に３年間備え置く。

(2)　決算関係書類及びその附属明細書に係る監査報告

［通知期限］

・　決算関係書類全部を受領した日から４週間を経過した日

・　附属明細書を受領した日から１週間を経過した日

・　特定理事及び特定監事の間で合意した日

のいずれか遅い日までに特定監事から特定理事に通知する。

［組合員（総代）への提供］

　(1)の事業報告書に係る監査報告と同じ。

［備置・閲覧］

(1) の事業報告書に係る監査報告と同じ。

5　上記4(1)～(2)の各監査報告は、それぞれ別に作成すること
も可能であり、事業報告書と決算関係書類に係る監査報告を各々ま
とめて作成することも差し支えない。

第2節　監査報告の作成及び内容

第1項　年間の監査活動の整理、期末監査実施、監査調書作成、監査結果のまとめ

1　各監事の年間の活動記録は、当初に定めた監査計画及び職務の分
担や重点監査事項に基づいて、期中に実施した内部統制システムに
係る監査を含む個別監査の監査調書、期中の監事会への報告事項の
資料及び議事録に記載の活動記録、理事会等における意見陳述の議
事録等がある。これらの期中の監査活動の裏づけとなる資料を確認
し、自身の年間の監査の方法及び結果・所見等を整理する。

2　監事は、未消化の監査事項の実施及び内部統制システムに係る期
末に必要な監査その他決算監査等期末に実施すべき監査を実施す
る。

3　監事は、上記の1及び2を総合して、年間を通じての内部統制シ
ステムに係る監査を含めた監査及び期末監査についての監査の方法
及び結果・所見等をまとめ、監査調書を作成する。

4　監事は、上記3でまとめた監査調書を裏づけとして、監査結果を
まとめる。

5　まとめた監査結果は、次の第2項の監事会で審議する監査報告書
作成のために監事会に報告する。

第2項　監事連名の監査報告書の作成及び内容

第1　監事連名の監査報告書の作成

1　監事会は、上記第1項において報告された監査結果に基づき、審
議の上、監事連名の監査報告書を作成することができる。

　　監事連名の監査報告書を作成するにあたっては、各監事からの報告に基づき、十分な時間をかけて審議し意見の調整を行う。なお、十分な審議の結果、異なる意見がある場合には、その監事の監査報告書は個別に作成する。

2　監事連名の監査報告書は、「事業報告書及びその附属明細書に係る監査報告」「決算関係書類及びその附属明細書に係る監査報告」を一体で作成し、通知期限を満たすように、必要に応じて特定監事、特定理事、公認会計士等の間で通知期限の合意を行い、監事会を開催して作成する。

3　決算関係書類及び事業報告書並びにこれらの附属明細書については監事の監査を受けたものについて、理事会における承認が必要である。

4　監査報告書には、次の第 2 の記載事項を記載するが、各区分ごとに作成しても、また、すべてをまとめて作成しても差し支えない。

5　監査報告書は、法令上の署名義務はなく、署名の有無は監査の責任の軽重に影響しないが、監査報告の真実性及び監査の信頼性確保の観点から、各監事が自署押印する。

　　この場合、常勤監事である旨、及び員外監事である旨を各々の該当者について表示又は注記する。

6　作成した監査報告書は、特定監事が特定理事及び公認会計士等に期限内に提出し通知する。

第 2　監事連名の監査報告書の記載事項

1　監事連名の監査報告書には次の事項を記載する。

(1)「事業報告書及びその附属明細書に係る監査報告」

　　①　監事及び監事会の監査の方法及びその内容

　　　　監事の監査の方法及びその内容のほか、監事会の監査の方法及びその内容について、監査の方法の「概要」ではなく具体的な監査の方法の「内容」の記載を要する。

　　したがって、監事会として、監査の方針、職務の分担等を定め、理事、職員等から報告を受け又は説明を求めた等の方法を記載するほか、各監事が実施した監査の方法について各監事の監査報告を取りまとめる形で実際に行った監査の方法を記載する。

②　事業報告書及びその附属明細書が法令又は定款に従い当該組合の状況を正しく示しているかどうかについての意見（内部統制システムに係る理事会決議の記載に係る意見を含む）

　　監事は、事業報告書及びその附属明細書の原案を検討し、必要な事項が事業報告書に適切に記載されていない（不実、虚偽、漏れ等）と判断される場合は、適切に記載するよう理事に対し助言・勧告・要請を行い、その結果、記載内容の修正を加味して、事業報告書に開示される内容が適切に記載されているか否かを判断し、意見を監査報告書に記載する。この意見は監査の結果として必ず記載すべき事項である。

③　理事の職務の執行に関し、不正の行為又は法令若しくは定款に違反する重大な事実があったときは、その事実（理事会決議の有無にかかわらず、内部統制システムの構築・運用に重大な不備がある場合を含む）

　　期中を通じての監査の結果、理事の職務の執行に関し、不正の行為の有無又は法令・定款に違反する事実で組合に著しい損害を発生させる、あるいは組合の健全性に重大な影響を与える事実等の有無、並びに重大な事実があると判断した場合には具体的な事実について記載する。

　　監事の監査結果を明確に表明するため、該当する重大な事実が認められない場合も、その旨、記載する。

④　監査のため必要な調査ができなかったときは、その旨及び理由

⑤　監査報告書を作成した日

(2)「決算関係書類及びその附属明細書に係る監査報告」

①　監事及び監事会の監査の方法及びその内容

　　監事の監査の方法及びその内容のほか、監事会の監査の方法及びその内容について、監査の方法の「概要」ではなく具体的な監査の方法の「内容」の記載を要する。

　　したがって、監事会として、監査の方針、職務の分担等を定め、理事、職員等から決算関係書類に係る報告を受け又は説明を求めた等の方法を記載するほか、各監事が会計に関して実施した監査の方法について各監事の監査結果の報告を取りまとめる形で実際に行った監査の方法を記載する。

　　公認会計士等の監査を受けている場合は公認会計士等の監査の方法と結果の相当性判断のために行った連係等についても記載する。

②　決算関係書類及びその附属明細書が当該組合の財産及び損益の状況をすべての重要な点において適正に表示しているかどうかについての意見

　　決算関係書類及びその附属明細書について各監事の監査結果の報告に基づき審議の上、監査意見を記載する。

　　この監査意見は監査の結果として必ず記載すべき事項である。

③　剰余金処分案（又は損失処理案）が法令・定款に適合しているかどうかについての意見

④　剰余金処分案（又は損失処理案）が組合の財産の状況その他の事情に照らして著しく不当であるときは、その旨

⑤　監査のため必要な調査ができなかったときは、その旨及び理由

⑥　追記情報

　　追記情報とは、「会計方針の変更」、「重要な偶発事象」、「重要な後発事象」、その他の事項のうち、監事の判断に関して説

　明を付す必要がある事項又は決算関係書類の内容のうち強調す
る必要がある事項であり、監事は、これらに該当する事項の有
無について検討し、該当事項があると判断した場合にはその内
容を記載する。

　なお、重要な後発事象は、決算関係書類に反映されるか又は
注記表において注記されるので、監事は特に説明を付す必要が
あると判断した場合に、その内容を記載する。

⑦　監査報告書を作成した日

第11章
総(代)会

第1節　総(代)会前の監査活動

第1項　総(代)会招集の決定に係る監査

1　監事は、総(代)会関係日程を入手し、その内容が法令・定款・規程等に適合していることを確認するとともに、総(代)会招集の手続が予定された日程どおりに行われているかについて確認する。

2　監事は、総(代)会の招集が、適正に決定されているか確認する。

(1) 総(代)会は、理事が招集する。(ただし、理事の職務を行う者がいないとき、又は、組合員が総組合員の五分の一以上(定款で定めた割合があるときはその割合)の同意を得て総(代)会の招集請求をした場合において、理事が正当な理由がないのに総(代)会招集の手続をしないときは、監事が総(代)会を招集する)

　総(代)会の招集は、業務の執行ではなく、理事の職務であるので、招集者が代表理事である必要はないが、実務上は代表理事が招集することが一般的である。

(2) 通常総(代)会は、毎事業年度の終了後一定の時期に招集しなければならない。

　臨時総(代)会は、必要がある場合には、定款の定めるところにより、いつでも招集することができる。

3　監事は、理事が総(代)会を招集する場合に、以下の事項を適正に定めているか確認する。以下の事項の決定は理事会の決議によらなければならないので、監事は理事会の決議が適正に行われているか確認する。

[総(代)会の招集にあたって、理事会が決議すべき事項]

①　総(代)会の日時及び場所

（i）通常総(代)会の日が、前事業年度の通常総(代)会の日と著しく離れた日であるときは、その日時を決定した理由

（ii）総(代)会の開催場所が、過去に開催したいずれの場所とも著しく離れた場所であるときは、その場所を決定した理由

　　　ただし、定款で定められたもの及び当該場所で開催することについて総(代)会に出席しない組合員（総代）全員の同意がある場合を除く。

②　総(代)会の目的である事項があるときは、当該事項（議題）

③　議案

（議案については、次の第2項「総(代)会提出議案及び書類の調査」参照）

④　書面議決（及び書面投票）に関する事項

書面議決（及び書面投票）に関する事項を定めたときは、次の事項

（i）書面議決（及び書面投票）の提出期限を定めるときの、その期限

　　　行使期限は、特に定めがない場合は、総(代)会の日時の直前の営業時間の終了時であるが、招集通知を発したときから10日を経過した時以後で、総(代)会の日時以前の時であれば、自由に定めることができる。

（ii）賛否の記載がない場合の取り扱いを定めるときの取扱内容

⑤　代理人による議決権の行使に関する事項を定めるときの、その事項

代理権を証明する方法、代理人の数その他議決権の代理行使に関する事項（定款に定めがある場合は、改めて定める必要はない）

なお、代理人が代理できる数は、総会で9人まで、総代会で2人までである。代理権を証明する書面として、実務上は、「委任状」がある。

第2項　総(代)会提出議案及び書類の調査

1　監事は、理事が総(代)会に提出しようとする議案、書類等について、理事会への出席、総(代)会招集通知・添付書類及び総(代)会議案書等の閲覧により調査する。

　　この場合に、議案、書類等の内容が法令若しくは定款に違反し、又は著しく不当な事項があると認めるときは、その調査の結果を総(代)会に報告しなければならない。

2　通常総(代)会の目的事項（議決事項）

①　定款の変更

②　規約の設定、変更及び廃止

③　組合の解散及び合併

④　毎事業年度の事業計画の設定及び変更

⑤　収支予算

⑥　出資一口の金額の減少

⑦　事業報告書及び決算関係書類

⑧　組合員の除名及び役員の解任

⑨　連合会への加入又は脱退

⑩　理事及び監事の選出（選任）

⑪　理事及び監事の報酬額の決定

⑫　理事及び監事への退職慰労金の支給

⑬　その他定款で定める事項

　　なお、公認会計士等の監査を受けている組合の場合、規約によって公認会計士等の選任・解任が議決を要する場合があるので留意が必要である。

3　総(代)会の招集通知

(1) 理事は、総(代)会の日の10日前までに、組合員（総代）に対して総(代)会の招集の通知を発しなければならない。

　　（「10日前まで」とは総(代)会開催日の前日を起算日として丸10日のさらに前の日であり、例えば6月16日(火)が総(代)会の

日の場合は６月５日(金)までに発送する。中10日ということである)

(2) 組合は、招集通知を書面で送付しなければならない。

(3) 上記（2）により書面で送付すべき招集通知には、上記第１項の３の総(代)会の招集にあたって理事会が決定した事項を記載しなければならない。

　招集通知には、法定の記載事項の他に、発信日付（上記（1）の要件に留意）、宛名、総(代)会の招集者（実務上は代表理事が一般的）、標題（第〇回通常総(代)会か臨時総(代)会か明示する）及び招集通知本文が記載される。

(4) 辞任した監事若しくは規約等の事由により解任された公認会計士等に対する総(代)会招集の通知

　辞任した監事若しくは規約等の事由により解任された公認会計士等は、辞任又は解任後最初に招集される総(代)会に出席して、辞任した旨及びその理由又は解任について意見を述べることができる。

　理事は、辞任した監事若しくは規約等の事由により解任された公認会計士等に対し、総(代)会の招集が決定された理事会後、速やかに総(代)会を招集する旨及び日時・場所等の通知を行い、辞任した旨及びその理由又は解任についての意見を述べるか否かを確認しなければならない。

　監事はこれらの手続が適正に行われているか確認する。

　なお、監事又は公認会計士等が総(代)会の終結時をもって辞任する場合は、当該総(代)会において辞任する旨及びその理由を述べることができる。

4　通常総(代)会招集通知の添付書類

(1) 通常総(代)会の招集通知に添付する書類として組合員(総代)に提供するものは、次のとおりである。

① 事業報告書

② 決算関係書類

③ 監査報告書

④ 公認会計士等の監査報告

　なお、上記の書類のうち、④は任意監査のため生協法上の提供書類ではないが、規約等により開示することとしている場合は、監査報告書に添付して組合員（総代）に提供する。

5　総(代)会議案書等

(1) 総(代)会議案書等には、次に掲げる事項を記載しなければならない。

① 議案

② 上記の１により、議案について監事が調査した結果、「総(代)会に報告すべき調査の結果」があるときは、その調査の結果の概要

③ 以下の各議案について記載することが適切な事項

（ⅰ）役員の選挙・選任・解任（規約等で定めた場合の公認会計士等の選任・解任・不再任も含む）

　　なお、監事は、総(代)会において、監事の選任若しくは解任又は辞任について意見を述べることができるが、意見を述べる場合は、その意見の概要を総(代)会議案書等に記載しなければならない。

（ⅱ）役員の報酬等

・ 報酬枠算定の基準

・ 報酬枠変更の場合の理由

・ 受給者の員数

・ 退職慰労金に関する議案において受給者の略歴及びその支給額の決定を役員等に一任する場合の「決定のための一定の基準」の内容（各組合員が一定の基準を知ることができるようにするための適切な措置を講じている場合を除く）

　　　なお、監事は、総(代)会において、監事の報酬等について意見を述べることができるが、意見を述べる場合は、その意見の概要を総(代)会議案書等に記載しなければならない。

　(ⅲ)　合併契約等の承認

　　これらの他に、組合員（総代）の議決権の行使について参考となると認める事項を記載することができる。

6　書面議決書

　　書面議決書には、次の事項を記載する。

　①　各議案についての賛否を記載する欄(棄権の欄を設ける場合は、棄権を含む)

　②　賛否の記載がない場合の取り扱いを定めるときの取扱内容

　③　議決権の行使の期限

　④　議決権を行使すべき組合員（総代）の氏名

第3項　備置書類の監査

1　組合は、決算関係書類及び事業報告書並びにこれらの附属明細書、これらに係る監事の監査報告（公認会計士等の会計監査報告も）を、組合員及び組合の債権者の閲覧に供するために総(代)会の2週間前から、主たる事務所に5年間、その写しを従たる事務所に3年間備え置かなければならない。（ただし、これらの書類が電磁的に作成され、従たる事務所において、閲覧又は電磁的情報若しくは書面での交付の請求に応じることが可能な場合は、従たる事務所における備置は必要ない）

　　（「2週間前から」とは、総(代)会開催日の前日を起算日として丸2週間のさらに前の日からであり、例えば6月16日(火)が総(代)会の日の場合は6月1日(月)から備え置かなければならない）

2　監事は、上記の書類の備置が適正になされているか確認するとともに、次の法定書類の備置が適正になされているかについて確認す

る。
① 定款・規約
② 組合員名簿
③ 総(代)会議事録（前回までの）、理事会議事録
④ 会計帳簿・資料
⑤ 役員退職慰労金支給基準（ただし、総(代)会に退職慰労金支給議案が提出されたとき、招集通知発送日から総(代)会終結時までの間。なお、総(代)会議案書等に記載がある場合は措置不要）

第4項　総(代)会における報告、意見陳述及び組合員からの質問に対する回答の準備

1　総(代)会における監事による報告及び意見陳述
(1) 監事は、理事が総(代)会に提出しようとする議案、書類その他の資料を調査した結果、法令若しくは定款に違反し、又は著しく不当な事項があると認めるときは、その調査の結果を総(代)会に報告しなければならない。
(2) 監事は、総(代)会において、監事の選任若しくは解任又は辞任について意見を述べることができる。
(3) 監事は、総(代)会において、監事の報酬等について意見を述べることができる。
(4) 監事は、規約等に規定した事由により公認会計士等を解任したときは、その旨及び解任の理由を解任後最初に招集される総(代)会に報告しなければならない。
(5) 監事は、上記の(1)～(4)に該当する場合は、監事会で審議又は監事間で検討し、報告又は意見陳述する内容、及び報告又は意見陳述する者を定める。
　　この場合、(1)～(3)において、総(代)会議案書等に記載すべき内容については、前記第2項5(1)③において記載の手続をとる。
(6) 総(代)会に提供した監査報告書の内容について、総(代)会の場

で口頭報告を行う場合は、監事会で審議又は監事間で検討し、その内容及び報告する者を定める。

この口頭報告は、上記（1）で議案及び書類についての調査の結果、違法・不当な事実が認められない場合にも調査の結果を報告し、それと併せて行われることが一般的である。

（この場合、「総(代)会の議案・書類が違法・不当な場合の報告義務」以外は任意の報告であり、監査報告書の内容は、監事を代表して監事会又は監事間で定めた監事が報告する）

2　監事は、総(代)会関係の情報を収集するとともに、組合員（総代）からの質問に対する説明の準備を行う。

組合に対する書面質問の有無についても留意し、監事が説明する必要の有無について、理事と協議する。

監事が説明する必要があると考えられる質問に対し、回答内容と回答者について監事会で審議又は監事間で検討し、確認する。

第2節　総(代)会当日の監査活動

第1項　監事の口頭報告・意見陳述

1　監事は、前記の第1節第4項1「総(代)会における監事による報告及び意見陳述」に記載の事項に該当した場合に、口頭報告又は意見陳述を行う。

第2項　組合員（総代）からの質問に対する説明

1　組合員（総代）からの質問に対しては、説明義務に違反しないように留意する。

事業報告書、決算関係書類、その他総(代)会に提供した資料の他に、事業報告書及び決算関係書類の各々の附属明細書の記載事項は説明義務の範囲内と解されていることに留意する。

なお、次の場合は、説明を断ることができる。

①　質問事項が総(代)会の目的に関しないものである場合

② 説明することにより、組合員の共同の利益を著しく害する場合

③ 説明するために調査が必要な場合（ただし、相当の期間前に組合員（総代）が通知した場合、又は、説明のために必要な調査が著しく容易である場合には説明することを断れない）

④ 説明することにより、組合その他の者の権利を害する場合

⑤ 組合員（総代）が当該総(代)会において実質的に同一の事項について繰り返し説明を求める場合

⑥ その他説明をしないことについて正当な理由がある場合

第3項　総(代)会の議事運営及び決議方法

1　監事は、次の点に留意し、総(代)会の議事運営及び決議方法が法令・定款に適合していることを確認する。

(1) 定足数及び議決権個数

(2) 議事の運営

(3) 決議方法（通常決議、特別決議）

第3節　総(代)会終了後の監査活動

第1項　総(代)会の議事録

1　総(代)会議事録に、次の記載があることを確認する。

① 日時及び場所

② 議事の経過の要領及び結果

③ 法定の事項に係る意見又は発言の内容の概要

④ 出席した理事、監事又は公認会計士等の氏名又は名称

⑤ 議長の氏名

⑥ 議事録を作成した理事の氏名

　　生協法では、総(代)会議事録に、理事、監事の署名又は記名押印は求められていないが、模範定款例では、「作成した理事及び議長がこれに署名又は記名押印するものとする」と規定している。

第2項　総(代)会決議事項の実施状況

1　監事は、総(代)会決議事項の実施状況を確認する。

(1) 決議事項について組合員に対する通知・公告

(2) 剰余金の割戻しの実施

(3) 登記

(4) 決算関係書類及び事業報告書並びにこれらの附属明細書の行政庁への提出

(5) 役員退職慰労金の支給（第1章第5節「監事報酬」3参照）
等

第3項　備置書類の監査

1　総(代)会の日から備え置く書類の確認

(1) 組合は、総(代)会の議事録を総(代)会の日から主たる事務所に10年間、その写しを従たる事務所に5年間備え置かなければならない。（ただし、議事録が電磁的に作成され、従たる事務所において、閲覧・謄写の請求に応じることが可能な場合は、従たる事務所における備置は必要ない）

2　監事は、上記の書類の備置が適正になされているか確認するとともに、次の法定書類の備置が適正になされているか確認する。

① 定款・規約

② 組合員名簿

③ 総(代)会議事録、理事会議事録

④ 会計帳簿・資料

⑤ 決算関係書類及び事業報告書並びにこれらの附属明細書、監査報告書

第12章
損害賠償責任の一部免除、組合員代表訴訟

第1節　損害賠償責任の一部免除

第1項　免除の要件及び免除額

1　理事及び監事は、その任務を怠ったときは、組合に対して、これによって生じた損害を賠償する責任を負い、その責任は総組合員の同意がなければ免除されない。

2　ただし、理事及び監事が職務を行うにつき善意で、かつ、重大な過失がないときには、総（代）会の決議によって、賠償責任を負うべき額から、次に記載する「責任を負うべき最低限の額」になるまで賠償額を免除することができる。

「責任を負うべき最低限の額」

・　代表理事は、報酬等の6年分

・　代表理事以外の理事は、報酬等の4年分

・　監事は、報酬等の2年分

第2項　総（代）会の決議による責任免除

1　第1項2の総（代）会の決議は、総組合員（総代）の半数以上が出席し、その議決権の3分の2以上による議決を必要とする。

2　理事及び監事の責任の一部免除の議案を総（代）会に提出するときは、次に掲げる事項を開示しなければならない。

①　責任の原因となった事実及び賠償の責任を負う額

②　免除することができる額の限度及びその算定の根拠

③　責任を免除すべき理由及び免除額

3　理事の責任の一部免除の議案を総（代）会に提出するときは、監事全員の同意を得なければならない。

第3項　同意に際しての監事の留意事項

1　監事は、次の諸事項を確認し十分に検討の上、同意の当否を判断する。

① 理事が職務を行うにつき善意で、かつ、重大な過失がなく、責任を免除するということに関して、判断に必要な十分な資料が提供され、その資料の内容には同意できるだけの根拠があるか

② 組合員からの提訴請求等に際して、事実発生後から判断時点までに監事が行った調査に関する資料、証拠及び調査結果の確認をしたか

③ 該当事案についての訴訟の内容及び判決が出されているときはその内容を確認したか

④ 必要に応じて弁護士等の専門家の意見を徴し、確認したか

⑤ 第2項2の総(代)会開示事項の内容の確認をしたか　等

2　監事は、同意の当否判断のために行った調査及び検討の過程と結果について、記録を作成し保管する。

第2節　組合員代表訴訟の対応

第1項　提訴請求の受領

1　6ヶ月（これを下回る期間を定款で定めた場合にあっては、その期間）前から引き続き加入している組合員は、理事、監事がその責任を怠ったことによって生じた組合の損害を賠償する責任を追及する訴え（以下、「責任追及等の訴え」という）の提起を請求することができる。

ただし、責任追及等の訴えが当該組合員又は第三者の不正な利益を図り又は組合に損害を加えることを目的とする場合は、この限りでない。

2　組合員からの「責任追及等の訴え」の提起の請求（以下「提訴請求」という）が、「理事以外の者」の責任を追及するものである場合は、代表理事が組合を代表して対応する。

　提訴請求が、「理事（理事であった者を含む。以下同じ）」の責任を追及するものである場合は、監事が組合を代表して対応する。

　（以下、本項においては、理事の責任を追及する訴えに係る監事の対応について記載する）

3　監事は、理事に係る提訴請求を組合員から受けた場合は、速やかに他の監事に通知するとともに、その後の具体的な作業手順等を検討し、対応について審議するための監事会開催を準備する。

　なお、提訴請求を受理した後の監事の活動については、詳細に記録し、資料を整備する。

① 　提訴請求は、次の事項を記載した書面の提出（又は電磁的方法による提供）であることを要し、電話、口頭による場合は無効である。

　（i）被告となるべき者

　（ii）請求の趣旨及び請求を特定するのに必要な事実

② 　書面の提出において、郵送の場合は到達日、持参の場合は受領日が明示される必要があり、その翌日から監事の考慮期間60日が起算される。

③ 　提訴請求が速やかに監事に届けられ開封されるよう、その取り扱いについて関係部門であらかじめ取り決めておく。

④ 　提訴請求の宛名及び内容について確認する。

⑤ 　組合内外、マスコミ対応について速やかに関係部門間で検討する。

⑥ 　提訴請求受領について、関係者へ通知する（関係者の範囲と通知の時期は案件に応じて検討する）。

⑦ 　提訴請求者が組合員として６ヶ月（これを下回る期間を定款で定めた場合にあっては、その期間）前から引き続き組合員名簿に記載された組合員であることを確認する。

第2項　調査方法等の策定及び調査の実施

1　監事会を開催し、監事間の情報共有化を図り、監事の考慮期間が
　60日間であることを勘案して、次に掲げた具体的な作業手順等の
　各項目について報告、審議する。

　①　既に調査・確認済みで判明している事項及び入手済みの資料等
　　の報告

　②　提訴請求に対し対応することについて、提訴請求者へ通知を行
　　うか否かの審議

　　　組合は、提訴請求を受領した日の翌日から起算して60日以内
　　に責任追及等の訴えを提起しない場合、提訴請求をした組合員又
　　は理事、監事から要請されたときは、提訴請求をした者に対し、
　　遅滞なく、責任追及等の訴えを提起しない理由を所定の事項を記
　　載した書面（又は電磁的方法）により、通知しなければならない。

　　　これ以外に、提訴請求を受領したときに、組合は提訴請求者に
　　対して通知する義務はないが、

　　（i）責任追及等の訴えが当該組合員又は第三者の不正な利益を図
　　　り又は組合に損害を加えることを目的とする場合は、提訴請求
　　　に応じられないこと

　　（ii）上記第1項3①の請求方法及び同⑦の権利を行使することが
　　　できる組合員の要件を満たしていない場合は、提訴請求に応じ
　　　られないこと

　　（iii）60日間の期間の経過により、組合に回復することができな
　　　い損害が生ずるおそれがある場合には、組合員は、組合のため
　　　に直ちに責任追及等の訴えを提起することができること

　　　等を考慮に入れ、理事に係る提訴請求については、監事が提訴
　　請求者へ通知を行うか否か検討する。

　③　今後の調査等の内容、方法、スケジュールの決定

　④　依頼する弁護士の決定

　　　組合の顧問弁護士は組合から依頼された職務を行うので、被告

とされる理事は組合の顧問弁護士とは異なる弁護士に弁護を依頼
すべきであるが、監事の顧問弁護士を組合顧問弁護士以外に選任
する必要があるか否か　　等

2　監事は、提訴請求について理事の責任発生原因、損害額等の内容
を確認し、被提訴理事のほか関係部署から状況の報告を求め、又は
意見を徴するとともに、関係資料を収集し、弁護士等の専門家から
意見を徴する等必要な調査を適切・迅速に実施する。

第3項　調査結果の評価及び提訴の当否の決定

1　組合が、提訴請求を受領した日の翌日から起算して60日以内に
責任追及等の訴えを提起しないときは、提訴請求組合員は組合のた
めに責任追及等の訴え（組合員代表訴訟）を提起できるとされてい
るので、60日の期限到来前に、理事に係る提訴請求について審議
するための監事会を開催し、提訴対象事実についての調査結果を評
価し、弁護士等の専門家の意見を十分に反映して、監事による提訴
の当否について審議する。

2　併せて、監事会において、提訴の場合の訴訟遂行への対応、ある
いは提訴しない場合で組合員から理事に対する訴訟が提起された場
合の組合の対応等の準備事項について検討する。

3　監事は、提訴の当否の判断結果を、理事会及び被提訴理事に通知
する。

4　組合は、提訴請求を受領した日の翌日から起算して60日以内に
責任追及等の訴えを提起しない場合、提訴請求をした組合員又は理
事、監事から要請されたときは、提訴請求をした者に対し、遅滞な
く、責任追及等の訴えを提起しない理由に関し、次の事項を記載し
た書面（又は電磁的方法）により通知しなければならない。

①　組合が行った調査の内容（②以降の判断の基礎とした資料を含
む）

②　請求対象者（被告として請求の対象とされた者）の責任又は義

務の有無についての判断及びその理由

③　請求対象者に責任又は義務があると判断した場合において、責任追及等の訴えを提起しないときは、その理由

したがって、監事が理事に係る提訴請求について検討の結果、責任追及等の訴えを提起しない場合で、不提訴理由通知の要請を受けた場合には、該当者への通知は義務付けられているものであるが、提訴する場合においても、提訴の当否の判断結果について提訴請求者へ通知するか否か及び通知する場合の内容について、監事会において検討し、決定する。

5　監事は、提訴の当否の判断のために行った調査及び審議の経過と結果について、記録を作成し保管する。

第4項　組合員への通知・公告

1　組合員が代表訴訟を提起した場合は、遅滞なく組合に対して訴訟告知をしなければならず、組合は組合員から訴訟告知を受けたとき、又は組合が責任追及の訴えを提起したときは、遅滞なくその旨を公告し、又は組合員に通知しなければならない。

これらについて理事に係る場合は監事が組合を代表するので、監事は公告又は組合員に対する通知の内容について検討する。

第5項　補助参加の同意

1　組合員又は組合は、共同訴訟人として、又は当事者の一方を補助するため、責任追及等の訴えに係る訴訟に参加することができる。ただし、不当に訴訟手続を遅延させることとなるとき、又は裁判所に対し過大な事務負担を及ぼすこととなるときは、この限りでない。

組合が、理事を補助するため、責任追及等の訴えに係る訴訟に参加するには、監事全員の同意を要する。

なお、この同意は監事会の議を経て行うことができる。

2　監事は、上記の理事に係る責任追及等の訴えについての補助参加

の同意の当否の判断にあたって、代表理事、被提訴理事及び関係する理事のほか、関係部署から状況の報告を求め、又は意見を徴し、必要に応じて弁護士等の外部専門家の意見を徴して、被提訴理事側への補助参加の当否について協議し、判断する。

3　監事は、補助参加への同意の当否判断の過程と結果について、記録を作成し保管する。

第6項　訴訟上の和解

1　理事の責任を追及する訴えについて、和解をする場合は、総組合員の同意を得ずに和解の内容まで理事の責任が免除される。監事が組合を代表して提訴する場合と、組合員代表訴訟による場合とを問わない。

2　理事の責任を追及する訴えにおける和解は、監事が組合を代表して提訴する場合と、組合員代表訴訟による場合とで、それぞれ次のように進められる。

①　監事が組合を代表して提訴した訴訟において和解をする場合は、監事全員の同意を必要とする。

②　組合員が代表訴訟において和解する場合で、組合が和解の当事者でないときは、裁判所は組合に対し、和解の内容を通知し、その和解に異議があるときは2週間以内に異議を述べるべき旨を催告し、組合がその期間内に書面で異議を述べなかったときは、通知した内容で組合員が和解することを承認したものとみなされ、上記①の組合が和解する場合と同じく、総組合員の同意を得ずに和解の内容まで理事の責任が免除される。この場合、理事に係る責任追及等の訴えについての和解内容の通知及び催告は、監事が組合を代表して受ける。

3　監事は、監事が組合を代表して提起した訴訟において和解をしようとする場合、あるいは組合員代表訴訟における和解に関し、裁判所から通知及び催告を受けた場合は、速やかに、代表理事及び関係

する理事（組合員代表訴訟の場合は、加えて被提訴理事）のほか、関係部署から状況の報告を求め、又は意見を徴し、必要に応じて弁護士等の専門家の意見を徴して、監事会において十分に審議の上、訴訟上の和解の当否を判断する。

4　監事は、訴訟上の和解の当否判断の過程と結果について、記録を作成し保管する。

参考資料1　監事選任議案に関する監事の同意書（過半の同意）

　生協法上、監事選任議案について監事の同意書面の作成は求められていないが、実務上は、同意のプロセスを記録に残す趣旨から、各組合の実情に応じて文言をご検討いただきたい。

文例1　監事選任議案に関する監事の同意書

〇年〇月〇日

〇〇消費生活協同組合

代表理事　　〇〇〇〇殿

〇〇消費生活協同組合

常勤監事　　〇〇〇〇　　印

員外監事　　〇〇〇〇　　印

監　　　事　　〇〇〇〇　　印

監　　　事　　〇〇〇〇　　印

監事選任議案に関する同意書

　〇年〇月〇日開催の第〇〇回通常総(代)会に提出予定の監事選任議案について、消費生活協同組合法第30条の3第3項（会社法第343条第1項準用）に基づき検討した結果、〇〇〇〇氏、〇〇〇〇氏、〇〇〇〇氏、〇〇〇〇氏、〇〇〇〇氏を監事候補者とする議案の提出に同意いたします。

以　　上

文例2　監事選任議案に関する監事の同意についての監事会議事録の記載例

第○号議案　監事選任議案に関する監事の同意の件

　議長から○月○日付けで○○○○代表理事から第○○回通常総(代)会に提出予定の監事選任議案について、消費生活協同組合法第30条の3第3項（会社法第343条第1項準用）に基づき監事の同意を求めてきたので、検討したい旨前置きの上、監事候補者として、○○○○氏、○○○○氏、○○○○氏、○○○○氏、○○○○氏の各略歴と他の法人との代表状況等を説明し、提案があった。

　検討の結果、全員異議なく同意した。

以　上

【参考】監事へ監事選任議案に関する同意を求める場合の文例

○年○月○日

○○消費生活協同組合　監事会　殿

○○消費生活協同組合
代表理事○○○○

監事選任議案に関する同意を求める件

　○年○月○日開催の第○○回通常総(代)会に提出予定の、○○○○氏、○○○○氏、○○○○氏、○○○○氏、○○○○氏を候補とする監事選任議案について、消費生活協同組合法第30条の3第3項（会社法第343条第1項準用）に基づき監事の同意を求めますので、○月○日までにご回答下さい。

　なお、各監事候補者の略歴等は別紙のとおりであります。

以　上

参考資料2　選定書及び互選書並びに協議書の例

　常勤監事の互選・特定監事の選定及び監事の報酬・退職慰労金の協議を行った場合にはその旨を議事録に記載する。

　また、法令上、義務付けられていないが、選定書及び互選報告書並びに協議書を作成し、代表理事に送付する。

文例1　常勤監事互選報告書

　　　　　　　　　　　　　　　　　　　　　　　　　　　○年○月○日

○○消費生活協同組合

代表理事　　○○○○殿

　　　　　　　　　　　　　　　　　　○○消費生活協同組合

　　　　　　　　　　　　　　　　　　常勤監事　○○○○　印

　　　　　　　　　　　　　　　　　　員外監事　○○○○　印

　　　　　　　　　　　　　　　　　　監　　事　○○○○　印

　　　　　　　　　　　　　　　　　　監　　事　○○○○　印

常勤監事互選報告書

　当組合監事監査規則第○条の規定に基づき、○年○月○日開催の監事会において下記のとおり常勤の監事を互選し、互選された監事は就任を承諾いたしました。

　　　　　　　　　　　　　　　記

1　常勤監事　　○○○○

2　就任日　　　○年○月○日

　　　　　　　　　　　　　　　　　　　　　　　　　　　以　上

文例2　特定監事選定書

〇年〇月〇日

〇〇消費生活協同組合
代表理事　〇〇〇〇殿

　　　　　　　　　　　　　　〇〇消費生活協同組合
　　　　　　　　　　　　　　常勤監事　〇〇〇〇　印
　　　　　　　　　　　　　　員外監事　〇〇〇〇　印
　　　　　　　　　　　　　　監　　事　〇〇〇〇　印
　　　　　　　　　　　　　　監　　事　〇〇〇〇　印

特定監事選定書

　消費生活協同組合法施行規則第133条第5項及び当組合監事監査規則第〇条の規定に基づき、〇年〇月〇日開催の監事会において下記のとおり特定監事を選定し、選定された監事は就任を承諾いたしました。

記

1　特定監事　　〇〇〇〇
2　就任日　　　〇年〇月〇日

以　上

（注）監事監査規則で「特定監事は、議長又は常勤監事とする。」と規定している組合は、この書類は不要である。

180

文例3　報酬協議書

○年○月○日

○○消費生活協同組合
代表理事　　○○○○殿

○○消費生活協同組合
常勤監事　○○○○　　印
員外監事　○○○○　　印
監　　事　○○○○　　印
監　　事　○○○○　　印

報酬協議書

　各監事の報酬額について消費生活協同組合法第30条の3第3項（会社法第387条第2項準用）の規定及び監事監査規則第○条に基づき、監事全員の合意により○年○月○日開催の監事会において協議した結果、下記のとおり決定いたしました。

記

1　協議者　　監事○名全員
2　各監事の報酬額

常勤監事	○○○○	月額	円(年額	円)
員外監事	○○○○	月額	円(年額	円)
監　　事	○○○○	月額	円(年額	円)
監　　事	○○○○	月額	円(年額	円)
合　　計		月額	円(年額	円)

　　　ただし、○年○月○日開催の第○○回通常総(代)会において
　　決議された監事の報酬月（年）額　　　　　万円以内
3　実　施　　○年○月分より実施

以　上

文例4　退職慰労金協議書

退職慰労金協議書

　○年○月○日開催の第○回総（代）会第○号議案（退任役員に対する退職慰労金支給の件）の承認決議及び当組合役員退職慰労金内規に基づき、退任監事○○○○氏に対する退職慰労金の額、支給の時期及び方法について監事監査規則第○条に基づき、監事全員の合意により○年○月○日開催の監事会において協議した結果、下記のとおり決定いたしました。

記

1　協議者　　　　　　　監事○名全員
2　退任監事　○○○○　氏　に対する退職慰労金の額
　　金　　　　　　　　円
3　支給の時期及び方法
　　上記内規で定めるところによる。
　　○年○月○日

　　　　　　　　　　　　　　　○○消費生活協同組合
　　　　　　　　　　　　　　　常勤監事　○○○○　印
　　　　　　　　　　　　　　　員外監事　○○○○　印
　　　　　　　　　　　　　　　監　　事　○○○○　印
　　　　　　　　　　　　　　　監　　事　○○○○　印
　　　　　　　　　　　　　　　　　　　　　　以　上

参考資料3　監事への報告体制についての申し合わせ例

監事への報告体制等について

理事及び監事は、「内部統制システム整備に関する基本方針」に基づき、監事への報告体制等について、以下のとおり申し合わせ事項として定める。

Ⅰ　会議への出席等

- 監事は理事会をはじめ、○○会議・○○委員会等の重要会議（該当する会議体は、会議体の新設・改廃の都度、監事が選定する）へ出席するとともに、資料提供等、必要な対応を行う。
- 監事は、上記の重要会議への出席等により、意思決定の経過及び業務執行の状況を把握する。

Ⅱ　稟議書、決裁書等の閲覧

- 監事は、定例的に稟議書・決裁書・報告書等を閲覧する。具体的には、監事が選定する。
- 理事及び職員は、監事から稟議書・決裁書・報告書等の提出を求められた場合は、速やかにこれに応じる。

Ⅲ　定例的報告事項

- 監事は、各年度の監査方針・計画に基づき、理事及び職員に対し、組合及び子会社等に関する次の事項について、定例的に報告を求める（時期・内容等は、理事と調整）。
- (1) 経営の状況・課題
- (2) 業務の遂行状況
- (3) 内部統制システム（リスク管理、コンプライアンス）の

状況

(4) 自己取引等の状況

(5) 内部監査部門が実施した内部監査結果（内部統制システムに関する監査を含む）

(6) 財務・会計の状況

(7) 監査指摘事項への対応状況

(8) その他重要事項

・　理事及び職員は、上記の求めに応じ定例的に報告を行うとともに、必要な情報提供を行う。

Ⅳ　臨時的報告事項

　理事及び職員は、組合及び子会社等の経営に重大な影響を及ぼす次の事項が発生し、又は発生するおそれがあると判断した場合には、その都度速やかに監事へ報告・情報提供を行う。

　また、その後の経過等についても、適宜、報告・情報提供を行う。

[報告事項基準・内容・主な事例等]

１．組合に著しい損害を及ぼすおそれのある事実

２．理事及び職員の職務遂行に関する不正行為又は法令若しくは定款に違反する事実及びそのおそれのある事実

３．行政当局検査及びその結果、行政当局から受けた処分等

４．財務・会計における重要な事実

５．重要開示書類の内容等

６．内部通報等相談窓口に出された事実

７．その他上記に準ずる重要事実

以　上

参考資料4　公認会計士等選任議案に関する監事の同意書

　公認会計士等の選任議案について監事の同意書面の作成は規約等で求められていないが、実務上は、同意のプロセスを記録に残す趣旨から、作成することが望ましい。

　なお、新たな公認会計士等の選任議案は通常、現公認会計士等の辞任又は不再任（任期満了による退任）と併せて提出されることが多いと考えられるが、現公認会計士等の解任議案は、選任議案とは独立して提出されることも多いと考えられるので、それぞれの場合により実情に応じて文言をご検討願いたい。また、文例中の「監査法人」が個人の公認会計士である場合は「公認会計士」としてご活用いただきたい。

文例1　監査法人の再任に関する監事の同意についての議事録記載例

第○号議案　監査法人の再任に関する監事会の同意の件

　議長から、<u>○月○日付にて○○○○代表理事から</u>第○○回通常総(代)会に提出予定の監査法人選任議案について、現任の監査法人を再任することにつき、<u>監事の同意を求めてきたので、同意したい旨</u>について異議の有無について検討する旨の提案があった。

　検討の結果、全員異議なく再任を確認した。

以　上

※　上記は代表理事からの申し入れがある場合の記載例である。代表理事からの申し入れがない場合は下線部を削除の上、ご活用いただきたい。

文例2　監査法人を再任しない（任期満了による退任）こととし、新たな監査法人を選任する議案に関する監事の同意書例

　　　　　　　　　　　　　　　　　　　　　　　　○年○月○日

○○消費生活協同組合
代表理事　　○○○○殿

　　　　　　　　　　　　　　　　　　○○消費生活協同組合
　　　　　　　　　　　　　　　　　　常勤監事　○○○○　　印
　　　　　　　　　　　　　　　　　　員外監事　○○○○　　印
　　　　　　　　　　　　　　　　　　監　　事　○○○○　　印
　　　　　　　　　　　　　　　　　　監　　事　○○○○　　印

**現監査法人の不再任及び新たな監査法人選任議案
に関する同意について**

　第○○回通常総（代）会に提出予定の監査法人の選任議案について、監事監査規則第○条に基づき、○年○月○日開催の監事会において検討した結果、現○○監査法人を再任しないこととし、新たに○○監査法人を選任する議案の提出に同意いたします。

　　　　　　　　　　　　　　　　　　　　　　　　　以　　上

文例3　現監査法人を再任しない（任期満了による退任）こととし、新たな監査法人を選任する議案に関する監事の同意についての議事録記載例

第○号議案　監査法人の不再任及び新たな監査法人選任議案に関する監事の同意の件

　議長から、○月○日付にて○○○○代表理事から第○○回通常総（代）会に提出予定の監査法人選任議案について、現任の監査法人を再任しないこととし、新たに監査法人を選任することにつき、監事の同意を求めてきたので、お諮りしたい旨前置きの上、現○○監査法人を再任しないこととする理由並びに新たな候補者は○○監査法人であること及びその概要書の内容等を説明し、同意したい旨の提案があった。

　○○監事から○○の意見があり、検討の結果、全員異議なく同意した。

以　上

【参考】監事へ現監査法人を再任しない（任期満了による退任）こと
とし、新たな監査法人を選任する議案に関する同意を求める
場合の文例

○年○月○日

○○消費生活協同組合　監事会　殿

○○消費生活協同組合
代表理事　　○○○○

現監査法人の不再任及び新たな監査法人選任議案に関する同意を求める件

　○○年○月○○日開催の第○○回通常総(代)会に提出予定の監査法人選任議案について、現○○監査法人を再任しないこととし、新たに○○監査法人を選任する議案について、監事の同意を求めますので、○月○日までにご回答下さい。

　なお、現監査法人を再任しないこととする理由書及び選任を提案する監査法人の概要書をそれぞれ別紙のとおり添付します。

　　別紙：１　現監査法人を再任しない理由
　　　　　２　監査法人選任案（概要説明書）

以　　上

参考資料5　公認会計士等の報酬等に関する監事の同意書

公認会計士等の報酬等について監事の同意書面の作成は規約等にて求められていないが、実務上は、同意のプロセスを記録に残す趣旨から、作成することが望ましい。なお、文例中の「監査法人」が個人の公認会計士である場合は「公認会計士」としてご活用いただきたい。

文例1　監査法人の報酬等に関する同意書

○年○月○日

○○消費生活協同組合
代表理事　　○○○○殿

○○消費生活協同組合
常勤監事　　○○○○　　印
員外監事　　○○○○　　印
監　　　事　　○○○○　　印
監　　　事　　○○○○　　印

監査法人の報酬等に関する同意書

第○○期（○年○月○日から○年○月○日）の事業年度における監査法人の報酬等の額について、監事監査規則第○条に基づき、○年○月○日開催の監事会において検討した結果、同意いたします。

記

報酬等（監査報酬）の額：○○○○千円

以　　上

文例2　監査法人の報酬等に関する監事の同意についての監事会議事録の記載例

第○号議案　監査法人の報酬等に関する監事の同意の件

　議長から、○月○日付けで○○○○代表理事より第○○期（○年○月○日から○年○月○日）の事業年度における監査法人の報酬等（監査報酬）の額について、公認会計士監査規約第○条に基づき監事の同意を求めてきたので、検討したい旨前置きの上、算定根拠等を説明し、提案があった。

　検討の結果、全員異議なく下記のとおり同意した。

記

　報酬等（監査報酬）の額：○○○○千円

なお、算定の根拠は別紙のとおりである。

以　上

【参考】監事へ監査法人の報酬等に関する同意を求める場合の文例

〇年〇月〇日

〇消費生活協同組合　監事会　殿

〇〇消費生活協同組合
代表理事　〇〇〇〇

監査法人の報酬等に関する同意を求める件

　第〇〇期（〇年〇月〇日から〇年〇月〇日）の事業年度における監査法人の報酬等（監査報酬）の額について、公認会計士監査規約第〇条の規定に基づき監事の同意を求めますので、〇月〇日までにご回答下さい。

記

　報酬等（監査報酬）の額：〇〇〇〇千円

　なお、算定の根拠は別紙のとおりであります。

以　上

参考資料6　理事会決議の省略（書面による理事会決議）について監事に異議がない旨の記録書面

　生協法上、理事会決議の省略に関し、その提案について理事の全員が同意の意思表示を行い、監事全員に異議がなければ、理事会決議があったものとみなされる。この場合、監事に異議がないことの書面の作成は求められておらず、書面による理事会決議書にも監事に異議がないことの記載は求められていないが、実務上は、異議がないことの確認のプロセスを記録に残す趣旨から、監事に異議がない旨を記載し理事に通知する書面の作成、又は書面による理事会決議書への付記を理事に求めることが望ましい。

　文言については各組合の実情に応じてご検討願いたい。

文例　書面による理事会決議に異議がない旨の通知書（確認書）例（監事会で審議し全員異議がないことを確認した場合）

○年○月○日

○○消費生活協同組合
代表理事　　○○○○殿

○○消費生活協同組合

常勤監事　　○○○○　　印

員外監事　　○○○○　　印

監　　　事　　○○○○　　印

監　　　事　　○○○○　　印

書面による理事会決議について（確認書）

　監事は、理事○○○○氏の提案による別紙理事会の書面決議の

提案について、監事監査規則第〇条に基づき〇年〇月〇日開催の
監事会において審議した結果、監事全員に異議のないことを確認
しました。

　　　　　　　　　　　　　　　　　　　　　　　　　　以　　上

【参考】書面による理事会決議書への付記例

〇年〇月〇日

書面による理事会決議書

１．決議事項

　(1)　〇〇〇〇の件　　　　　　　（内容説明記載）

　(2)　〇〇〇〇の件　　　　　　　（内容説明記載）

２．決議事項を提案した理事　　　　理事　　〇〇〇〇

　上記の決議事項の提案について、理事全員、同意いたします。

　　　　　　　　　　　　　　　　〇〇消費生活協同組合

　　　　　　　　　　　　　　　　代表理事　〇〇〇〇　　印

　　　　　　　　　　　　　　　　理　　事　〇〇〇〇　　印

　　　　　　　　　　　　　　　　理　　事　〇〇〇〇　　印

　　　　　　　　　　　　　　　　理　　事　〇〇〇〇　　印

　上記の理事会の書面決議の提案について、監事全員、異議あり
ません。

　　　　　　　　　　　　　　　　〇〇消費生活協同組合

　　　　　　　　　　　　　　　　常勤監事　〇〇〇〇　　印

　　　　　　　　　　　　　　　　員外監事　〇〇〇〇　　印

　　　　　　　　　　　　　　　　監　　事　〇〇〇〇　　印

　　　　　　　　　　　　　　　　監　　事　〇〇〇〇　　印

　　　　　　　　　　　　　　　　　　　　　　以　　上

参考資料7　総(代)会関係日程と監事の対応例

月日	運 営 月 日	関連法令
3/31	事業年度末日	
4/24	特定監事及び公認会計士等は決算関係書類及びその附属明細書を受領※ (決算関係書類及びその附属明細書受領前の理事会の決議は要しない)	法31条の9第5項 公認会計士監査規約○条
4/24	特定監事は事業報告書及びその附属明細書を受領※	法31条の9第5項
4/28	出資口数及び出資総額の変更登記(期末から4週間以内)	法75条2項
5/16	公認会計士等が決算関係書類及びその附属明細書の会計監査報告書の内容を特定監事と特定理事に通知※ (法定の場合の期限は4/24の決算関係書類及びその附属明細書受領日から4週間経過した日の5/23であるが、その期限前に受領しても差し支えない)	 公認会計士監査規約○条
5/23	監査報告書作成のための監事会を開催し、監査報告書作成後、特定監事が監事連名の監査報告書を通知 (各監事が監査報告書を作成し、監事会で、監事連名の監査報告書を審議する)	規則133条
	・決算関係書類及び事業報告書並びにこれらの附属明細書の監査報告書⇒特定理事に通知と公認会計士等に通知 (法定期限は4/24から4週間経過した日の5/23)	規則131条、132条 公認会計士監査規約○条
	・総(代)会提出予定議案及び関係書類の調査	法30条の3第3項　準会384条
5/30	決算理事会(決算関係書類及び事業報告書並びにこれらの附属明細書の承認、通常総(代)会招集事項及び付議議案決定)	法31条の9第6項、法34、36、37条

6/13	総(代)会招集通知発送（総(代)会の10日前。	法38条
	総(代)会通知書・議案書・添付書類・議決権行使書）	法31条の9第7項、8項
	決算関係書類等（決算関係書類及び事業報告書並びにこれらの附属明細書・監査報告）の主たる事務所及び写しの従たる事務所備置、退職慰労金内規の主たる事務所備置	法31条の9第9項、10項
6/27	議決権行使書面提出期限	規則155条3号、4号
6/28	通常総(代)会開催	法34条、40条
	第1回理事会（代表理事の選定）	法30条の9
	第1回監事会（議長・常勤監事の互選）	監事監査規則○条
	議決権行使書面及び委任状の主たる事務所備置（期限9/28）	法46条　準会830条、831条（会310条6項、311条3項より敷衍）
	総(代)会の議事録の主たる事務所及び写しの従たる事務所備置	法45条
6/29	出資配当の公告・通知、行政庁への総(代)会終了届	定款○条、法92条の2
	配当金・割戻金の支払開始	法52条、53条
	定款変更の議決があった場合は、行政庁への認可申請	法40条4項
7/12	変更登記申請期限（2週間以内）代表権者の登記は毎期必要	法75条1項
9/28	総(代)会決議取消しの訴えの提訴期限（総(代)会決議の日から3ケ月以内）	法46条　準会831条

◎具体的な運営月日については、実情に応じて、法定期間内で可能な限り余裕をもって設定することが望ましい。

※　事業報告書及び決算関係書類並びにこれらの附属明細書・公認会計士等監査報告書は特定監事から各監事が受領し、各監事が監査する。公認会計士等及び監事の監査の期間は、期間を短縮する合意はできず監査期間を確保する必要があるが、実態上、各々の監査を効率的に遂行し期限内に監査報告を通知することは差し支えない。

参考資料8　監事の監査報告書作成に向けての期中監査の内容の整理方法例

監査報告のひな型	監査実務・監査活動
監査報告書 (1) 私たち監事は、○年○月○日から○年○月○日までの第○期事業年度の理事の職務の執行を監査いたしました (2) その方法及び結果につき以下のとおり報告いたします。	(1) 監事会→年間○回開催。 A監事○回出席、 B監事○回出席、… (2) ○月○日監査報告書作成のための監事会→各監事から報告、審議。
1　監査の方法及びその内容 (1) 監事会は、監査の方針、職務の分担等を定め、 (2) 各監事から監査の実施状況及び結果について報告を受けるほか、 (3) 理事等及び公認会計士等からその職務の執行状況について報告を受け、必要に応じて説明を求めました。 (4) 各監事は、監事会の定めた監査の基準に準拠して、他の監事と意思疎通及び情報交換を図るほか、監査方針、職務の分担等に従い (5) 理事、内部監査部門等その他の職員等と意思疎通を図り、情報の収集及び監査の環境の整備に努めるとともに、 (6) 理事会その他重要な会議に出席し、	(1) ○月○日監事会→監査方針、監査計画、各監事の業務分担を決定。 (2) 監事会→年間○回開催。各回ともすべての監事から監査実施状況報告。 (3) 監事会→年間○回開催。理事ヒアリング年間○回(○月○日)、公認会計士等ヒアリング年間○回(○月○日)。 (4) ○月○日監事会→当組合監事監査基準を採択。○月○日監事会→監査方針、監査計画、各監事の業務分担を決定。 (5) 内部監査部門とのミーティング年○回、「監事への報告に関する事項」として定められた事項に関する情報の収集・分析、理事等との会合年○回など。 (6) 理事会→年○回開催(A常勤監事全出席、B監事○回出席、C監事○回出席、…) 　その他重要会議→常勤理事会年○回(A監事○回出席)

(7) 理事及び職員等からその職務の執行状況について報告を受け、必要に応じて説明を求め、	(7) 理事面談→全理事年〇回面談。執行役員面談→全執行役員年〇回面談。
(8) 重要な決裁書類等を閲覧し、	(8) 稟議書、専務決裁書類、重要契約書、無償の利益供与関係資料等の閲覧
(9) 本部及び主要な事業所において業務及び財産の状況を調査いたしました。	(9) 実地調査→本部各部門年〇回、店舗年〇回、支所年〇回。
(10) また、理事の職務の執行が法令及び定款に適合することを確保するための体制その他組合業務の適正を確保するために必要な体制の整備に関する理事会決議の内容及び当該決議に基づいて整備されている体制（内部統制システム）の構築・運用の状況について定期的に報告を受け、必要に応じて説明を求めました。	(10) 〇月〇日内部統制システムに係る理事会決議。全監事出席。内部統制担当理事・部長ヒアリング年〇回、内部監査部門から月次監査報告聴取、コンプライアンス委員会出席年〇回。
(11) 子会社等については、子会社等の取締役及び監査役等と意思疎通及び情報の交換を図り、	(11) 子会社等監査役・監事連絡会年〇回。子会社監査役から監査実施状況報告年〇回受領。
(12) 必要に応じて子会社等から事業の報告を受けました。	(12) 子会社等往査→〇社中〇社実施。
(13) 以上の方法に基づき、当該事業年度に係る事業報告書及びその附属明細書について検討いたしました。	(13) 〇月〇日事業報告書及びその附属明細書受領、説明聴取。〇月〇日監事会→事業報告及びその附属明細書について審議。
(14) さらに、会計帳簿又はこれに関する資料の調査を行い、当該事業年度に係る決算関係書類（貸借対照表、損益計算書、剰余金処分案）及びその附属明細書について検討いたしました。	(14) 〇月〇日監事会→会計帳簿又はこれに関する調査結果の審議。（公認会計士等の監査を受けている場合はその内容を含めて）
(15) また公認会計士等の監査の方法及び結果の相当性を判断し、参考にしました。	(15) 〇月〇日監査法人より会計監査報告、「職務の遂行が適正に行われることを確保するための体制に関する事項の通知」受領、説明聴取。監査法人との会合・報告受領年〇回。往査立会い年〇回。〇月〇日監事会→監査の方法及び結果の相当性について審議。

197

(16) 以上の方法に基づき、当該事業年度に係る決算関係書類（貸借対照表、損益計算書、剰余金処分案）及びその附属明細書について検討いたしました。	(16) ○月○日決算関係書類及びその附属明細書受領、理事より説明聴取。○月○日監事会→決算関係書類について審議。

2 　監査の結果

(1) 事業報告書等の監査結果 　一　事業報告書及びその附属明細書は、法令及び定款に従い、組合の状況を正しく示しているものと認めます。 　二　理事の職務の執行に関する不正の行為又は法令若しくは定款に違反する重大な事実は認められません。	一　事業報告書等について、指摘すべき事項はなかった。 　二　当該事実は発見できなかった。
(2) 決算関係書類（剰余金処分案を除く）及びその附属明細書の監査結果 　決算関係書類（剰余金処分案を除く）及びその附属明細書は、組合の財産及び損益の状況をすべての重要な点において適正に表示しているものと認めます。	決算関係書類について、指摘すべき事項はなかった。（公認会計士等の監査の相当性判断＝監査計画聴取、監査実施状況立会いないし同行、独立した監査が行われたと評価）
(3) 剰余金処分案の監査結果 　剰余金処分案は法令及び定款に適合し、かつ、組合財産の状況その他の事情に照らして指摘すべき事項は認められません。	剰余金処分案に関して、指摘すべき事項はなかった。

3 　追記情報（記載すべき事項がある場合）

○年○月○日 ○○消費生活協同組合 常勤監事○○○○　　印 員外監事○○○○　　印 監　　　事○○○○　　印 （自署）	自署、押印の規定はない。

参考資料9　監事の総(代)会口頭報告例

1　生協法上、監事の監査報告の内容は、総(代)会において報告を求められていないが、総(代)会議案等の調査結果の報告と併せて、監事による口頭報告を行うことがある。

2　公認会計士等及び監事の監査の結果の提供義務については、理事に課されている（法31条の9第8項）が、監査の結果については、監事が報告することも可能である。この場合、このことを明確にするため監事の口頭報告に先立ち、総(代)会の議長より、当該報告は監事から行われる旨の説明があることが望ましい。

3　監事は、総(代)会の議案、書類等の資料を調査しなければならない。

　　その結果、これらの内容が法令若しくは定款に違反し、又は著しく不当な事項があると認められなければ、総(代)会に報告することは求められない（法30条の3第3項で準用する会社法384条）が、調査したことを明らかにすることから、指摘すべき事項が認められない場合でも、その旨を報告することがある。

　　この場合は、総(代)会の議案全体に関わるので、総(代)会の冒頭に報告することが多い。

報　告　内　容	趣旨又は目的
（常勤）監事の〇〇〇〇でございます。監事会の協議決定に従い、私からご報告申し上げます。	報告者の立場を明確にする。（事前の監事会で報告者と報告内容について決定しておくことが前提）

第○○期事業年度に係る監査を行いました。（各監事は、○○年度の理事の職務執行に関し、○○の状況等に重点を置いて監査を行ってまいりました。）その結果につきまして、各監事の監査結果に基づき審議いたしました結果、監事全員一致したので、お手元議案書○の○頁の監査報告書に記載のとおりご報告いたします。	法31条の９第５項に基づき作成し、法31条の９第７項に基づき、招集通知に添付して、組合員（総代）に提供済み。
既にご高覧頂いていることと存じますが、 ・まず、事業報告書及びその附属明細書は、法令又は定款に従い組合の状況を正しく示しているものと認めます。 ・また、理事の職務の執行に関する不正の行為又は法令定款に違反する重大な事実は認められませんでした。	規則122条及び129条により作成された書類の規則132条に基づく監査報告書の内容。
・決算関係書類及びその附属明細書の監査結果につきましても、適正と認めます。 ・さらに、剰余金処分案につきましても、法令定款に適合し、かつ、組合財産の状況その他の事情に照らして指摘すべき事項は認められません。	規則79条、93条、104条、108条及び128条により作成された書類の規則131条に基づく監査報告書の内容。
最後に、本総(代)会に提出されております各議案及び書類につきましては、各監事が調査いたしました結果、いずれも法令及び定款に適合しており、（特に）指摘すべき事項はございません。	（法30条の３第３項で準用する会社法384条）
以上ご報告申し上げます。	

参考資料10　備置・閲覧に供すべき主な書類等一覧表

（1）備置・閲覧書類

書類名	備置期間	場　　所	閲覧請求者	備　　考
定款	常時	各事務所	組合員、債権者	法26条の5第1項
規約	常時	各事務所	組合員、債権者	法26条の5第1項
組合員名簿	常時	主たる事務所	組合員、債権者	法25条の2第2項
総(代)会議事録	総(代)会の日から10年間	主たる事務所	組合員、債権者	法45条2項
総(代)会議事録(写し)	総(代)会の日から5年間	従たる事務所	組合員、債権者	法45条3項
委任状	総(代)会の日から3ヶ月	主たる事務所	組合員、債権者	(会310条6項より敷衍)
書面議決書	総(代)会の日から3ヶ月	主たる事務所	組合員、債権者	(会311条3項より敷衍)
理事会議事録	理事会の日から10年間	主たる事務所	組合員、裁判所の許可を得た債権者	法30条の7第1項
理事会議事録(写し)	理事会の日から5年間	従たる事務所	組合員、裁判所の許可を得た債権者	法30条の7第2項
理事会書面決議同意書	決議の日から10年間	主たる事務所	組合員、裁判所の許可を得た債権者	法30条の6、30条の7
決算関係書類等	総(代)会の日の2週間前から5年間	主たる事務所	組合員、債権者	法31条の9第9項
決算関係書類等(写し)	総(代)会の日の2週間前から3年間	従たる事務所	組合員、債権者	法31条の9第10項
役員退職慰労金支給基準	総(代)会の招集通知発送の日から総(代)会の終了日迄	主たる事務所	組合員	法30条の3第3項(準会361条、387条)

（2）公衆縦覧書類（元受共済生協のみ）

書類名	備置期間	場　所	閲覧請求者	備　考
組合及び子会社等の業務及び財産の状況に関する説明書類	事業年度経過後5ヶ月以内に開始翌事業年度分の縦覧開始まで	各事務所	誰でも	法53条の2第1、2、5項 規213条1項

（注1）ただし、写しの交付請求には組合の定めた費用の支払いが必要。

（注2）ただし、閲覧・交付請求には理由を明らかにしなければならない。

（注3）退職慰労金に関する議案があるとき、議案が一定の基準に従い理事会、監事等に一任するものであるときは、その基準の内容を総（代）会議案書等に記載するか、招集通知発送の日から総（代）会の決議終了まで備え置くことが必要。

（注4）会社法及び他の協同組合法では、委任状・書面議決書を総（代）会の日から3ヶ月間主たる事務所に備え置き、組合員（株主）の閲覧・謄写を認めることとされている。これは、総（代）会決議等の取消し請求訴訟の提訴期限が3ヶ月以内であることから、その間に総（代）会決議の手続の適正さをチェックできるように組合員（株主）に情報提供する趣旨と考えられる。生協法では委任状・書面議決書の備置・開示に関する直接の規定はないが、総（代）会決議等の取消し請求訴訟について他の協同組合法と同様に会社法が準用されており、他の協同組合と同様に委任状・書面議決書の備置・閲覧に対応することが適切である。

参考資料11　監査調書ひな型

○○年度　監 査 調 書（監事会内部文書）

	作成　　　年　月　日	作成監事
監査の対象事項		
監査実施日	年　月　日　～　　　年　月　日	
監査対象先		
対応者		
監査実施監事		

〈監査方法〉（会議出席、文書閲覧、報告聴取、ヒアリング、立会い、視察など）

〈監査結果とその理由、指摘事項、意見〉

〈その他の補足説明〉

「監査対象先」：例えば、理事会、稟議書、○○理事、○○事務所など
〈監査方法〉〈監査結果とその理由、指摘事項、意見〉欄は、適宜に区分して利用する。

生協監事監査ハンドブック〈下〉 ［2024年6月発行］

[発行日] 2024年6月14日　初版1刷

[検印廃止]

[編　者] 日本生活協同組合連合会

[発行者] 二村睦子

[発行元] 日本生活協同組合連合会
　　　　　〒150-8913　東京都渋谷区渋谷3-29-8　コーププラザ
　　　　　TEL　03-5778-8183

[制作] 株式会社晃陽社

[印刷] 日経印刷株式会社

Printed in Japan

ISBN978-4-910921-02-0